JN110954

サービスを超える極意

「旅館ホテル」の
おもてなし

NPO法人 日本ホテルレストラン経営研究所
理事長　大谷　晃／上席研究員　鈴木はるみ　監修
「旅館ホテル」おもてなし研究会

はじめに
──お客様を幸せに──

　旅館ホテルの元をたどると、二つのルートに行き着きます。

　一つ目は、日帰りでは帰れなかったり、あるいはその日中に目的地までたどりつけない旅人を泊めるための"旅籠"で、二つ目が病気治療を目的に、温泉を長期で利用する人のための湯治宿です。今でもそれは全国にあります。

　旅籠は現在、旅館ホテル、シティホテル、リゾートホテル、ビジネスホテルの四つの様式に分かれています。

　本書では、この中の旅館ホテルを取り上げ、多方面から解説していきます。

　本書を企画した理由は、旅館ホテルが今置かれている状況に危機感を覚えるからです。一つは人口減少です。旅館ホテルを訪れる人はこの先、当然減ってきます。バブルの時に利益をもたらした団体旅行が減り、旅行のスタイルも家族や友人による少人数のものに変わりました。

　また、外国人観光客の増大も挙げられます。このような変化の中で旅館ホテルがやるべきことは何かを考えていただきたく、本書をつくりました。

　旅館ホテルが、シティホテルやリゾートホテルのような欧米型のホテルと異なるのは、さまざまな面で純和風を今に受け継いでいることです。また、欧米型のホテルのようにグループ化をしているところは少なく、親族・家族で経営する独立した施設です。

　そのため、グループ間での研修会のような機会を持てず、スタッフに対する教育は女将などの経験則に基づいて行われてきました。大きな旅館ホテルの中には、教育経験のある外部のコンサルタントに依頼するところもありますが、旅館ホテルの多くは小規模ですから、

そこまで費用をかけられず、大半が自館で行っているのが実状です。

　しかし、これではスタッフに「おもてなし」を教えることができません。特に近年はどの旅館ホテルも人手不足に悩んでいて、外国人のスタッフを雇うところも多くなりました。また、日本人スタッフにしても、畳の部屋のない家で育った若い世代は、当然、和室の作法は知りません。そのような若いスタッフに手取り足取り指導をするのは時間がかかる上、理解してもらうにも時間を要します。しかし、指導が徹底されていないと、それが接客に反映され、お客様を失望させることにつながりかねません。

　そこで、おもてなしの作法についてわかりやすく解説したのが本書なのです。本書を読むことで、若いスタッフや外国人が旅館ホテルで働く際に必要な基本的な知識を得ることができます。
　本書は9章から成ります。女将やスタッフの具体的な仕事から、身体の不自由なお客様への対応方法、日本料理、日本酒、日本茶の基礎知識、和室の作法、食物アレルギーや宗教上食べられない物のあるお客様への対応、地震や火災の対策と災害時の応急手当まで、この一冊を読めば旅館ホテルで働く上での「基本」がわかる仕組みになっています。

　身体の不自由なお客様への対応方法を章立てて詳しく扱っているのは、これまでそのような方たちに対する旅館ホテルでのおもてなしの方法が教えられてこなかったからです。きっとお役に立つはずです。同様に、高齢者への対応方法も詳しく述べています。また、食物アレルギーや宗教上食べられない物のある人への対応もわかりやすく記しています。初めて知ることもあるでしょう。ぜひ、役立ててください。

　さらに、日本酒、焼酎、日本茶に頁を割いているのは、それが宴会での売り上げやお土産の購入増加につながるからです。知識があれば、お客様にいろいろな角度から勧めることができ、それによってお客様も「飲んでみたい」「買ってみたい」と思うようになります。

　旅館ホテルの役割は「お客様を幸せ」にすることです。特別な場所で幸せな気分を心ゆくまで味わっていただくことです。お客様が旅館ホテルに求めるものは日に日に高くなっています。「おもてなし」に磨きをかけていく旅館ホテルだけが、この先、生き残るものと思われます。基本を理解した上で、自館なりの「おもてなし」を実施することが、他館との差別化にもつながると確信しています。

　今回の新型コロナウイルスにより、これまでに経験したことのない事態になりました。これからの旅館ホテル業界はお客様やスタッフに対し、より安全で安心な環境づくりを徹底して提供していくことが新たな「働き方改革」であるとも言えるでしょう。

　本書は、スタッフの中でもおもてなしに直接関わる女将、フロント係、仲居の仕事を中心に紹介しています。なお、仲居と同じ用語に、お部屋係、サービススタッフなどがありますが、本書では「仲居」として統一します。

　本書や『旅館ホテル・観光の教科書』をテキストとして「観光ナビゲーター」の受験ができます。ぜひチャレンジしてください。

NPO法人 日本ホテルレストラン経営研究所

理事長　大谷　晃

●目次●

第1章
女将の仕事、スタッフの仕事

女将の仕事

　旅館ホテルといって、真っ先に浮かぶ言葉が“女将”ではないでしょうか。旅館ホテルで表の顔といえば女将です。女将は女性しかなれない旅館ホテルの代表として、今に受け継がれています。

　女将と聞くと、多くの方が接客を思い浮かべるでしょう。着物を着て表に出る印象が強く、女将の存在には大きなものがあります。

　女将は旅館ホテルの代表ですから、経営という大きな責任も担っています。そのために、いろいろな業務をこなします。他業種では複数の部署に分かれているような業務を一手に引き受けることが多いのも、女将なのです。具体的に女将の仕事を見ていきましょう。

●ストレスのない職場づくり

　旅館ホテルは働いてくれるスタッフが機能して、初めて成り立つビジネスです。それだけにスタッフには気持ちよく働いてもらいたいというのが、経営者側の願いです。スタッフにストレスを感じさせない職場づくりをするのが女将の一番大きな仕事といっても過言ではありません。

　2019年4月に「働き方改革関連法案」の一部が施行されました。これまでわが国では、長時間労働が多く、有給休暇も消化できない環境が多くありました。パワハラやセクハラがある職場も存在し、正規雇用と非正規雇用の間には格差が存在したのも事実です。これらが職場内の人間関係にストレスをもたらしていたのです。

　これからの旅館ホテルは、この働き方改革に基づき、スタッフの誰もがストレスのない働きがいのある職場をつくることが、女将の仕事の最重要課題です。「スタッフを守る」ことで初めてお客様に対する「おもてなし」も可能となるのです。

●学び、伝える

　スタッフは日本人に限りません。最近は、外国人をスタッフに雇うところも出てきています。日本の慣習や文化に慣れない外国人のスタッフに仕事の内容を理解してもらうには、女将自身が彼ら彼女らをまず理解し、その上でどう伝えたらいいかを考える必要があります。

　先輩の仕事ぶりを見て学べという時代は終わりました。まず女将は、多様なバックグラウンドを持つスタッフへの教え方を学び、彼ら彼女らが「できる」ようになるまで教えていく、今はその時代です。改善すべきところは改善し、経営に活かしていくことが女将の仕事です。

●営業活動

　営業活動は女将の主要な仕事です。お客様に来ていただくために、営業担当者と共に都市部の旅行代理店やよく使ってくださるお得意様にご挨拶回りをします。また、旅行代理店の方々や旅行ガイドの担当者を自館に招待して体験してもらい、お客様に自館を宣伝・推薦していただくように働きかけます。

　旅館ホテルというのは大型連休の間やお正月・お盆など忙しい時もありますが、反対に暇な時もあります。どんな時であっても、多くのお客様に来ていただくことは、それは女将の腕にかかっています。そのための営業活動です。利用するお客様が、どこの旅館ホテルに行くか迷う時、「顔を覚えている女将のほうを選ぶ」ということもよくあることです。それだけ、女将の営業活動は大切なものなのです。

●企画立案

　料理長と相談しながら、魅力的な献立に仕立てていくのも女将の仕事です。また、一年を通し、季節に合わせた宿泊プランや各種イベントを催したりする旅館ホテルでは、女将と営業担当が中心となってその企画をします。

　さらに、廊下や玄関に活け花を飾ったり、掛け軸や置物などの調度品や装飾品を、季節ごとに何にするかを決めるなど、イメージアップも女将の大切な仕事です。

　女将は季節感を伝えるために、その時季に合わせた着物に替えることも心がけています。

●ご挨拶

　お客様のお出迎えやお見送りを行うだけでなく、お客様がお部屋や宴会場にいらっしゃる時に、ご挨拶に伺います。また、来てくださったお客様にお礼状を出したり、クレームに対する返事を書くのも女将の仕事です。他には、年賀状、暑中見舞い、季節ごとのご案内などの発送も手配します。

●クレーム対応

　クレームの多くは決まっています。例えば、食事に関することであれば、料理が間違って運ばれてきた、異物が混入している、出てくるのが遅い、味が足りないなど。

　また、トラブルが多いのはお酒の席で、特に宴会時において発生する可能性があります。泊りがけという解放感の中で温泉に入り、酔いが回るとトラブルが起こりがちです。同席者が間に入っても収まらない時はスタッフが仲裁に入り、当事者を引き離して個別に事情を聞いてあげることで、解決の糸口を見つけるようにします。お互い冷静になれば、たいていそこで収まります。

　トラブルは宴会の時だけではありません。部屋食の場合にも起こることがあります。その場合、一般に3段階に分けてクレーム対応が行われます。まず、部屋やサービス（または接客）担当の仲居が対応し、次に担当チーフが対応します。それでも解決できない場合は最後に女将が対応にあたります。

　クレームとよく似た言葉に「コンプレイン」があります。違いは、クレームが物品の損害賠償や支払い減額を求めるほどの苦情を言うのに対し、見返りを求めず、苦言を呈する、改善を求めるものをコンプレインと言うようです。

●施設見学

　勉強熱心な女将は、自館のレベルアップを目指し、日々研究に励んでいます。その一つが近くの施設の見学です。お客様に周辺の観光スポットをご案内するには、自分で訪れ、自分で感触をつかむのが一番です。そうすることでお客様に自信をもってお勧めできるからです。四季ごとに名所旧跡、神社仏閣、新しい施設などを訪れ、それらの周囲も歩き、情緒のある裏道や抜け道、美しい風景などを実体験します。その情報はフロント係や仲居と共有します。実感のこもった情報はお客様の心をとらえます。

　また、他の地域で評判が良い旅館ホテルや、新しくオープンした旅館ホテルに滞在して、設備や各担当者の動き、料理の内容などを見学することも女将の大切な務めです。実際に自分の目で見て、肌で感じることは、いろいろな点で自館に役立つからです。自館に足りないところはできる範囲で積極的に取り入れます。マンネリ化したおもてなしはお客様を飽きさせます。再び来館していただくためには、女将の日々切磋琢磨する努力にかかっています。

●マスコミ対策

　テレビや雑誌の温泉特集がある時には、積極的にマスコミに出ることで、自館の宣伝をします。女将は「歩く広告塔」でもあるのです。情報を発信するために、日ごろから施設や料理の見せ方・説明の方法などを様々な情報番組を参考にし、マスコミに取り上げてもらうように備えます。

●女将の会

　女将が所属する「女将の会」は全国規模のものから地域限定のものまで大小さまざまです。旅館ホテルの女将が参加します。そこでは研修会や交流会が開かれ、また意見交換なども行われます。

　このような会では女将のネットワークもでき、女将はそれを互いに活用します。共通の課題として情報交換も行います。

●取引先とのおつきあい

　旅館ホテルには、さまざまな納入業者や派遣業者との取引きがあります。取引先とのおつきあいを大切にする旅館ホテルに対しては、タクシー会社の運転手をはじめ多くの業者の方々が口コミで良い評判を周りに広めてくれます。取引先とのおつきあいはおろそかにしてはいけないのです。

●空気をつくる

　女将は職場の空気をつくるムードメーカーの役割も担っています。仕事は楽しい時ばかりではありません。スタッフと共に悩み、喜び、考える。すべて女将の動きひとつで変わるのです。女将がプラス志向を持ち職場を明るくすることは、旅館ホテル全体に良い影響として広がります。

スタッフの仕事

　旅館ホテルではスタッフは持ち場に分かれて仕事をします。表の
スタッフは主にフロント、客室で構成されます。加えて、調理場、
営業、企画、広報、経理、総務、施設管理の担当者がいます。また、
彼らを束ね、社業全般を見る社長もいます。

　それぞれが最大限のおもてなしをお客様に行うことで、全体とし
て旅館ホテルのレベルアップにつながり、また評判を高めます。そ
のためどの部署でもスタッフは手を抜けません。お客様は見ていな
いようで、しっかり見ています。その目をいつも意識して、スタッ
フは仕事をしなければなりません。

　では、各仕事について見ていきましょう。

●フロント

　フロントはお客様が心地よく滞在していただくための、初めの入
口となるところです。フロント係が応対します。

　フロント係の仕事は大きく二つに分かれます。受付業務と案内業
務です。

受付業務

　受付の主要な業務は、ご予約の受付と、チェックインやチェッ
クアウトの手続きです。他に、お部屋からのご要望やお問い合わ
せに対応します。

　どの旅館ホテルにも必ずあるのがフロントです。お客様も、何
かがあった場合はフロント係に聞けばいいと考えています。旅館
ホテルの顔ともいえる存在です。

　ほとんどの場合、旅行代理店、電話やウエブサイトから旅館ホ

テルを探します。フロントでは空き室を確認し、予約が確定したら予約台帳に記入（入力）します。お部屋のご希望があるようなら、ご予算に合ったお部屋をご用意します。

　貴重品はお客様に責任をもって管理していただくものですが、旅館ホテルでは盗難防止のために金庫を備えています。客室内にある場合がほとんどですが、客室内に無い場合や、客室内の金庫では心配なお客様の場合は、フロントにある金庫で貴重品をお預かりします。近くの駅までマイクロバスで送迎する手配もフロント係の仕事です。

　お客様の中には、チェックイン前やチェックアウト後に荷物を預ける方がいます。大きな荷物を持っての観光は大変ですから、これから宿泊する、あるいは宿泊した旅館ホテルに一時荷物預りを希望するのです。その際、引換券を渡すなどの業務もフロント係が行います。

　チェックアウトはお客様が集中し、混み合う時間帯です。お客様から鍵を受け取り、手続きをします。追加料金が発生している場合は精算した金額をお客様に提示します。

案内業務

　案内業務もフロント係の主要な仕事です。

　最近は機械が受付を行っているホテルがあります。人手不足の効率化に対応するためですが、果たして、それでいいのでしょうか。旅館ホテルの良いところは、人でなければできないおもてなしをすることです。少なくとも案内のプロであるフロント係は人が行うことを大切にしたいものです。人だからこそ、お客様の細かいご要望に応えることも可能なのです。

　フロントには周辺地域の観光パンフレットが置かれ、そこには飲食店のある場所、列車の時刻表などが記されています。お客様

がフロントで聞くことはだいたい決まっていますから、関心を持ちそうなものをフロント係が周辺の地図などと共にお渡ししてご案内します。観光農園、お昼の食事処、酒蔵やワイナリーのある場所など。製造工場の見学や予約のむずかしい観光スポットの手配、さらにタクシーの手配もします。また、マッサージ、芸者やコンパニオンなどの派遣依頼もフロント係が行います。

　お客様はウエブサイトを見て、事前に下調べをしてから来館される方が多いですが、フロントでウエブサイトに出ていない、地元の人しか知らない最新の情報を教えて差し上げるととても喜ばれます。フロント係に限らず、スタッフはみな、お客様のことを考え、テレビ、ラジオ、新聞、雑誌、ウエブサイトから、お客様が興味を持つ情報を集めておきましょう。

　フロント係の仕事では他にお土産の販売が挙げられます。多くがフロントに隣接して設けられていますから、販売と管理をフロント係が担当します。

　深夜から翌朝までの勤務は、ナイトフロントと呼ばれることもあります。

●客室

　お客様のお出迎えからお見送りまで担当するのが客室係の"仲居"です。

お迎えの準備

　仕事はお客様をお迎えすることから始まります。その準備として、まず、仲居ミーティングを行い、全員で情報を確認、共有します。お礼の手紙やメールの紹介、お部屋ごとのトラブル、クレームの内容と対応の報告、当日の宴会、VIP情報、お勧めした

い特別料理、お酒などの在庫確認をし、チーフの仲居がそれぞれに指示を出します。チーフは、仲居の指導方法を学ぶことでリーダーシップをとることができるようになります。

　ミーティング終了後、自分が担当するお客様をお迎えする準備に入ります。冷房（暖房）を入れるのもこのタイミングです。季節により気温が違いますから、お客様が入室された時にちょうどいい室温になるように調整します。外国人のお客様には、好みの温度を考慮します。

　また、浴衣の大きさ、大浴場を使用できる時間、客室のお風呂の湯の温度、食事の時間や食物アレルギーの確認などを最終チェックし、備品など足りない物はないか、最後にもう一度点検します。お部屋の高い所から低い所まで目を行き届かせます。

ご案内と夕食、寝具の準備
　チェックインの時間がきたら、到着されたお客様をお出迎えし、手続きが済んだお客様の荷物を持って部屋にご案内します。客室へ向かう間、非常口、大浴場、食事処のご案内を行います。
　夕方になると、夕食の準備です。一日のうちで最も忙しい時間帯です。お客様の指定時間に合わせて食事を提供できるように準備します。お料理の説明をしながら、お酒やドリンク類をお勧めすることもまた、大切な仲居の仕事です。お客様が食事をすまされると、お食事会場を再び整え、次の日に備えます。お部屋でのお食事（部屋食）の場合は、食事を片付けたあと布団を敷くなど、寝具の準備をします。

寝具でおもてなし

洋室と違い和室のいいところは、布団を人数に合わせて敷けることです。お客様はカップルの方もいれば、家族連れ、友人同士などさまざまです。お泊まりになる人数に合わせて布団の枚数で調整できるのがベッドとの大きな違いです。幼いお子さんのいる家族連れなら川の字に、団体でお泊りの場合は、夜中にトイレに行く時のことを考えて、足元に通路を作るなどを考慮して敷きます。

お客様に心地よくお休みいただくために、布団は季節に合わせた物を用意します。掛け布団は、夏は薄手の物、冬は厚手の物。敷き布団はマットレスで調整します。お客様の中には、シーツのノリが効きすぎているのを嫌う方もいます。こわばった感じがして肌触りが良くないという理由からです。

また、枕にこだわる方も多いので、材質や固さなどお客様の好みにできるだけお応えしましょう。

さらにぐっすり休んでいただくために、布団は冷蔵庫からできるだけ離して敷き、静かな環境を作るようにします。

チェックアウト前の点検

朝食では、配膳、下膳（食べ終わった食器を下げる）を行います。終えたら、チェックアウトの準備をします。お忘れ物がないかお部屋の中をくまなくチェックし、冷蔵庫の中の飲み物を確認します。お客様をお見送りすると、次のお客様をお迎えするために部屋を掃除し、備品の補充をします。

忘れ物があった場合は、フロント係が管理します。

お客様から部屋に忘れ物をしたと言われた場合、お客様の動線に沿って探します。トイレ、風呂場、食事処、バイキング会場、棚の上や中など。死角がある場所は特に注意を払います。いつもとは視点を変えることが大事です。畳の部屋では、お客様は寝る、

座る、立つという3通りの行動をされます。それぞれの高さの目線で追っていくことが大事です。

仕事の内容に関しては、第2章で具体的にさらに詳しく述べていますので、そちらをご覧ください。

●調理場

旅館ホテルの大きさによって、規模は異なります。大きなところでは、作業は分担して行われます。効率化を図るためです。一般的な呼び名は、下働きをするのは「追い回し」、洗い物の担当は「洗い方」、焼き物の担当は「焼き方」、揚げ物の担当は「揚げ方」(油場)、煮物の担当は「煮方」、吸い物の担当は「吸い方」。二番手の立場を「脇板(立板)」、調理の総責任者を「料理長(板長)」と呼び、区別しています。

小さな家族経営のようなところでは、調理から盛付けまで、一人が何役もこなしながら作業を進めます。

お客様に料理をお出しする時は、サービスを担当する仲居と、料理を担当する料理人との連携が大事なポイントとなります。また、お客様によって食事の進み具合が違うような場合、スムーズに料理が出せるように仲居が調理場に伝え、コントロールします。

●支配人

女将に次ぐポジションにいるのが支配人です。多くは経験豊かなベテランで、リーダーシップのある人が選ばれます。女将がいない時、業務の代行や各種会合などに代理出席をします。

━━━　♨コラム①　━━━

【温泉の定義】

　わが国では、温泉は古くから利用され、人々に親しまれてきました。古事記、日本書紀、万葉集などにも登場するくらいです。

　温泉は、一般に、地中から熱い湯が噴き出す現象、ないしは、その湯を供給する入浴施設のある場所を言うようですが、実は法律によって定義されています。1948年に制定された温泉法によるものです。「地中からゆう出する温水、鉱水及び水蒸気その他のガス（炭化水素を主成分とする天然ガスを除く）で、温泉源における水温が摂氏25度以上か、あるいは温泉1kgあたり、決められた19項目のうち、一つ以上が規定量含まれているもの」を"温泉"と定義しています。また、条件を満たしていれば水蒸気やその他のガスも温泉として認められます。

　さらに、温泉（水蒸気やその他のガスを除く）のうち、「特に治療の目的に供し得るもの」と定義されているのが療養泉です。これは、温泉源の温度が摂氏25度以上か、特定の7項目のうちいずれか一つが規定量含まれていることでみなされます。環境省が温泉の成分分析のために定めた「鉱泉分析法指針」に基づきます。

　温泉は、含まれる成分によって泉質が異なります。その違いを理解した上で、自分に合った温泉に入るのがベストです。

　投宿して温泉をゆっくり味わう人もいる他、最近は日帰りで温泉を楽しむ人も増えています。

（参考資料：一般社団法人　日本温泉協会）

第2章
おもてなしの極意

東京オリンピック・パラリンピックの誘致活動で使われた「お・も・て・な・し」という言葉も、最近ではすっかり定着した感があります。

　しかし、この言葉が意味する本当のところを私たちは真に理解しているでしょうか。おもてなしとは「幸せのお手伝いをする」こと。旅館ホテルの本来の役目がそこにあります。

　旅館ホテルにお越しになるお客様の目的はそれぞれ異なります。温泉につかりながらゆっくりしたい、観光地をめぐりたい、お酒や地元の料理を味わいたいなど。その希望を叶えて差し上げるために、スタッフはお客様一人ひとりに合った、包み込むようなおもてなしを常に考えることが必要です。お客様に対してマニュアル化した対応では、ニーズに応えられないのが旅館ホテルなのです。すべてのお客様に「同じおもてなし」では満足していただけません。

　「おもてなし」というと、特別なことをしてお客様に喜んでいただくイメージがありますが、けっしてそうではありません。

　旅館ホテル業は「やさしい想像力」がなにより大切なビジネスです。お客様のご要望にいかに気づき、それを実現するかです。それによってお客様に満足いただき、それがまたご来館いただけることにつながります。特に宣伝にお金をかけたり、大がかりな設備を設ける必要はないのです。

　旅館ホテルの仕事に初めて就く人は、戸惑うことも多いでしょう。女将や先輩などから指導やアドバイスを受け、お客様にこうして差し上げたい、ああして差し上げたいと思っていることを、日ごろから少しずつ形にしていくようにしましょう。

やさしい想像力

　お客様が何をお望みか、いち早く知ることが大事なポイントです。お客様が何もおっしゃらない状態を、ご希望やご要望がないのだなと受け取るようではいけません。やさしい想像力とは「察する」ことです。お客様の言葉、動作、表情などからお客様のご要望を読み取ります。

●頼みたくなる雰囲気

　もちろんお客様からご希望やご要望を言っていただけるのであれば、それにこしたことはありません。そのためには、「この女将や仲居なら、話しても聞いてくれそうだ」という雰囲気を持っていることが大切です。大事なのが、笑顔。笑顔の女将や仲居には誰もが話しかけたくなり、なんでも言ってみようという気持ちになるものです。

　もちろん、その笑顔は心からのものであることです。表面だけの笑顔では、お客様はそれを敏感に感じ取って、「依頼してみよう」という気持ちにはなりません。

感謝の気持ちを持つ

　数ある旅館ホテルの中から自館を選んでくださったことにまず感謝しましょう。心からの感謝の気持ちはお客様に伝わります。

心を込めたご挨拶

　挨拶も心がこもったものでなければ意味がありません。軽い会釈と共に、「おはようございます」「よくお休みになれましたか」など、その場にふさわしい挨拶を心を込めて行いましょう。

身だしなみに注意

接客業で大事なのが身だしなみです。着ている物がだらしなかったり乱れていたりすると、お客様はその女将や仲居を信頼しません。頭髪・服装・アクセサリー・化粧・笑顔・表情など、常に鏡を見てチェックしましょう。

●目で伝える

日常生活でも、相手の目を見ずに話すことは嫌われます。接客では言うまでもありません。どれだけ話しかけやすい雰囲気を持っていたとしても、お客様の目を見て行わなければ、こちらの気持ちは伝わりません。

そこで求められるのが「アイコンタクト」です。文字通り、目でお客様をおもてなししたいという気持ちを伝えます。ただし、それにかける時間には気をつけましょう。長すぎても短かすぎてもいけません。2秒ぐらいが適当とされます。それ以下だと短かすぎてこちらの印象が弱くなり、それ以上だとお客様はじっと見つめられているような感覚を持ち、居心地が悪いと思うようになります。

●お名前でお呼びする

普段の生活の中でも、自分の名前を添えて呼ばれるのは気持ちが良いものです。きちんと対応してもらえている気分になります。「おもてなし」においても同じです。お名前を一言添えるだけですが、お客様からすると、「自分のことをちゃんとわかって、もてなしてくれている」という気持ちにつながります。玄関、エレベーターの中、廊下、客室、お食事提供時など、その場面はたくさんあります。

また、そうすることによってお客様の情報をいち早くつかむこともできます。例えば、「○○様、いらっしゃいませ。今日はむし暑

いですね」とお声をかけた時、「そうね。汗かいちゃって」という言葉が返ってくるかもしれません。その言葉を聞いた仲居は冷房をその場で強めたり、あるいは冷たい飲み物を一杯持ってきてお客様にお出しすることができます。するとお客様からは「かゆいところに手の届く仲居」として、喜んでいただけるでしょう。

　お客様のお名前を言い添えるだけですが、おもてなしの場面が広がっていきます。逆にお名前で呼ばれることを嫌うお客様もいらっしゃいます。そこはやさしい想像力で対応しましょう。

●親しみのある応対

　旅館ホテルの応対は、お客様から聞かれるのを待つだけでなく、こちらからすすんで会話を進めることに大きな意味があります。これが旅館ホテルと欧米型のホテルとの違いです。

　まず、一言声をおかけすることから始めます。それによりお客様とのコミュニケーションの糸口をつかみます。そのための話題としては、むずかしい内容ではなく、お客様の関心を引くものがいいでしょう。その日のお天気や翌日の予報、道路の混み具合、近隣の観光スポットやお勧め情報、郷土料理、お土産、趣味、出身地、など。

　こうして、糸口がつかめたら、緊張がほぐれるような雰囲気を作りながら会話を進めていきます。これによってお客様が本音を言いやすくなります。ただし、なれなれしい態度はいけません。あくまでもお客様と仲居との関係ですから、きちんと「間」をとることが必要です。

　同時に、お客様の様子に注意を払うこともまた、大切です。疲れているから話しかけてほしくないと思っている方や、あるいはこちらの話に興味のない方もいらっしゃるかもしれません。様子と頃合いを見計らって会話を切り上げます。しつこく思われないことが大事です。

またお客様との会話中は、常になにか要望がないかどうかに注意して耳を傾けます。お客様の言葉をただ聞き流すのではなく、できれば「メモ」をとるようにします。メモ用紙と筆記具は常に携帯し、すぐに取り出せるようにしておきます。こうすることで、お客様のご要望やご希望をしっかり把握できます。

●「やさしい想像力」を身につける

　旅館ホテル業は「やさしい想像力」が求められる仕事です。これが旅館ホテルのおもてなしの基本にあることを常に意識して、この力を日ごろから養うようにしましょう。

　例えば、お客様が寒そうに、あるいは暑そうにしていらっしゃるなら、すぐに空調の温度調節をする。喉の調子が悪いようなら、加湿器などをお持ちする、といったようにです。もし自分の家族がそのような状態になったらと考えるとおのずから気づくようなことばかりです。けっしてむずかしいことではないのです。常に「やさしい想像力」でお客様を見ることが大事です。その視点で行動することが旅館ホテルのおもてなしには求められます。

ご予約からお見送りまで

　近年はどの業界も人手不足で、旅館ホテルも例外ではありません。中にはロボットを導入しているところも出てきています。ロボットはＡＩ（人工知能）の技術を搭載して優秀ですが、人の心の琴線に触れるような「感動」までは、お客様にもたらしてはくれません。感動は、人だからこそ可能なことです。お客様の心を読み、サービスを重ねていく。旅館ホテルはそのような、人にしかできないおもてなしの場です。これだけはいかにロボットの性能が進歩しても、

人間にはかないません。

　それだけにご予約からお見送りまで、すべての場面において、人間でなければできない、的確で心のこもった応対が求められます。

　フロント係、客室係に関わらず、お客様が来館されたら役立つであろう情報は共有しておきましょう。その情報はお客様との会話の中で必要に応じてお伝えします。桜や紅葉などの見頃情報、お勧めの観光スポット、そこまでに要する時間、道路の混み具合、天候、気温、着る物や履き物など、現地にいるからこそわかる最新情報ですから、お客様は喜ばれます。

　では、実際の仕事内容について見ていきましょう。

●ご予約

　希望に叶う旅館ホテルをどうやって見つけ、予約されるのでしょうか。それには大きく分けて2通りあります。旅行代理店を利用する方法とウエブサイトなどで調べて旅館ホテルに予約する方法です。

　宴会に関しては、予約の際に宴会担当者が幹事と打ち合わせをします。例えば、還暦を祝う会などでは、出席者の最終確認、特別料理やお酒、ケーキや花束の手配、進行スケジュールの調整など。宴会担当者は幹事に役立つアドバイスを行います。

■旅行代理店を通して

　旅行代理店は、旅行会社が主催するパッケージツアーの販売の他、お客様のご要望に沿った旅行プランを立てたり、旅館ホテルなどに対してきめ細かな手配をします。お客様は自ら電話やウエブサイトで予約する必要がなく、安心して現地を訪れることができます。

　旅行代理店では、お客様や添乗員などのアンケートや旅行代理店の担当者の宿泊体験を通じて、旅館ホテルの評判や客観的な最新情報を共有化してお客様に最適な宿を提供しています。

■旅館ホテルに直接予約

近年の旅行は、団体旅行から家族や少人数のグループなどの個人旅行に中心が移っています。

その際、多くの人が利用するのが旅行比較サイトで、希望や条件に合った旅館ホテルを見つけ、直接予約します。

電話でのご予約

電話は、お客様の顔が見えず、こちら側の顔も見せることができません。旅館ホテルをよく利用されるお客様は、電話の応対から旅館ホテルのレベルがわかると言います。応対には緊張感を持って臨みましょう。

まず、明るくはきはきと話すことです。一番良くないのは、お客様に不安を感じさせるような応対です。黙ったままだったり、「はい」とだけしか返事をしなかったりすると、お客様はきちんと聞いてくれているだろうかと不安になります。適切なタイミングで相づちを打ったり、大事だと思うことは復唱します。

お部屋割り

お部屋割りは重要です。それを誤ったら「あの旅館ホテルには二度と行かない」となってしまいます。高齢者、身障者、小さなお子様連れ、タバコの臭いに敏感な方、ハネムーン、招待旅行、同窓会などのお客様は、特にふさわしいお部屋をご用意しましょう。

高齢者や身障者の方にはエレベーターの近くなど、歩く距離の少ないお部屋を割り当てます。

団体のお客様の場合、どの方が主賓であるかを確認し、主賓の方には眺めの良いなどのお部屋を割り当てます。

　宿泊日、宿泊日数、人数、宿泊料金、到着時間などは、聞き間違いを防ぎ、確認のために復唱します。

　タバコに関しては、喫煙されるかどうかを伺い、タバコの臭いに敏感な方には優先的に禁煙ルームを割り当てます。空いていない場合は、その旨をお話しし、喫煙ルームを提示します。その際、消臭スプレーなどを使って、できる限り消臭対策をします。

　また、お客様によっては、食物アレルギーや宗教上、口にできない物があったりします。これも必ず予約時に伺っておきます。お食事の時に、急に他の物に代えてほしいと言われると、調理場は混乱します。そうならないようにするためです。必ず予約時に、「アレルギーなど食べられない物はございますか」などと、お尋ねしておき、代わりの料理を提案します。

メールでのご予約

　最近はメールによるお問い合わせやご予約も増えています。同時に、メールによる事故、事件も増えていますから、常に対応は慎重であることが必要です。

　基本的な言い回しは、定型フォームを作っておきましょう。いただいたメールへの返信は24時間以内が原則です。できる限りすみやかに行うことを心がけます。

　メールは送信先の相手の方だけが読まれるとは限りません。個人情報を送るわけですから、悪用されないように十分注意を払いましょう。また、すぐに読まれるとは限らないので、連絡用として電話番号も必ず伺っておきます。

　電話での応対もそうですが、メールの場合も、最後に「お待ち申し上げております」の一言を添えることを忘れないようにしましょう。

同様に、現金支払いのみの旅館ホテルでは、クレジットカードでのお支払いができないことをお伝えしておきましょう。

キャンセル対策

宿泊料を事前にお振込みいただいたり、あるいは郵便やファックスなどで申込書をお送りし、提出をお願いする旅館ホテルもあります。宿泊する数日前には電話やメールで予約の再確認もします。無断キャンセルは、旅館ホテル側が多額な損失を受けることにつながります。それを避けるためです。

キャンセル料については予約時にご案内します。予約の再確認をするため、お客様のお電話番号も伺っておきます。お客様がおみえにならなかった場合、たとえ口頭でのご予約であってもキャンセル料はお客様に請求できます。

●お出迎え

「最前線のスタッフの15秒間の接客態度が旅館ホテルの評価を左右する」とまで言われるくらいですから、お出迎えは特に重要です。ここでお客様に良い印象を持たれると、滞在中も「良い旅館ホテル」として記憶に残ります。反対に、お出迎えの印象が悪いと、あとあとまでお客様に悪いイメージが残ります。それを肝に銘じて、お出迎えしましょう。また、お迎えを表示する看板のお名前を再確認しましょう。

多くのスタッフでお迎えする

なるべく多くのスタッフでお出迎えをしましょう。その際、明るく元気な声を出します。声が小さいと暗い印象を持たれます。

お声がけの言葉をいくつか用意

到着されたら、「お疲れ様でございました」「お足元にお気をつけください」など、お声がけをします。ただし、ワンパターンにならないようにします。その場にふさわしい言葉をいくつか用意しておきましょう。また、お客様の中にはお疲れだったり、声をかけられるのを嫌う方もいらっしゃいます。お客様の表情などをよく見て、適切な行動をとります。

お客様のお名前で呼ぶ

「○○様、いらっしゃいませ。お待ち申し上げておりました」などと、お客様のお名前で呼ぶことが大切です。外国人のお客様も同様です。お名前がわからない場合は、「お客様」「お連れ様」とお呼びします。

お荷物を運ぶ

最近は、多くの方がキャリーバッグを使用されます。できるなら持ち上げて運び、重いようなら台車を使います。音を出さない運び方を工夫してください。

雨や雪の日は

ご到着の時間がわかる場合、雨や雪の日はタオルを用意し、お客様用の傘を持って車やバスの駐車場でお出迎えをしましょう。

海岸からサンダル履きのままお越しになるお客様には

砂がついたまま館内を歩くのをご遠慮いただくため、入口で靴底の砂を落としていただきます。その用意をしておきましょう。

●チェックイン（宿泊手続き）

　チェックインとは宿泊の手続きをすることだけではありません。快適なご滞在のスタートを切っていただく場でもあります。限られた時間の中で迅速かつ丁寧に行うのはもちろんですが、その際、感じが良く、わかりやすく、親しみやすい応対を心がけます。「いらっしゃいませ」で終わるのではなく、「遠いところをお越しいただきありがとうございます」と一言添えるだけで、印象はずっと良いものになります。

　やってはいけないのが、お客様に対していきなり「どちら様ですか」とお尋ねすることです。必ず、「恐れ入りますが、お名前をお伺いしてもよろしいでしょうか」とお聞きします。

●お部屋へのご案内

　ここからはお部屋係の仲居が担当します。

　お部屋にご案内する途中での館内に関する説明は、お客様の歩調に合わせ、理解していただけているかを確認しながら行います。非常口の場所も必ず説明します。また、エレベーターを待っている間などに、「今日はいい天気になりましたね。道路は混みませんでしたか？」などと、親しみのあるお声がけをしましょう。そうすることでお客様の緊張がやわらぎ、ご希望やご要望を言っていただきやすくなります。

　なお、エレベーターは仲居が扉を押え、「どうぞ」と声をかけ、お客様を先に中にご案内し、自分は最後に乗ります。降りる時は、仲居が「開」のボタンを押してお客様が出終わるのを待ち、最後に自分が降ります。

●お部屋の操作説明

　お部屋にある冷暖房の温度調整、お湯の調整、照明のスイッチ、

テレビや有料テレビの使用方法、電話のかけ方、冷蔵庫の精算方法、金庫の使い方を説明します。

●お部屋でのご案内

お客様とコミュニケーションをとる機会が最も多い場面です。入室した瞬間から、それは始まっています。

■外国人のお客様の場合

近年、日本を訪れる外国人のお客様が急増しています。多くの方が和室を使われるのは初めてです。基本的なマナーをお教えするだけでなく、日本人のお客様に対するのとはまた違った気配りも忘れないようにしましょう。

ジェスチャーでもいい、伝えることが大事

入口では、靴を脱ぐのがマナーとお伝えします。スリッパも同様です。畳の部屋の中で使うものと勘違いされる方がいますから、ご説明します。

また、身長の高いお客様には、鴨居に頭がぶつからないように特に注意を払い、お声がけをします。そのタイミングは早過ぎても遅過ぎても良くなく、頃合いが大事です。半歩先を目安に行います。英語などが苦手だからと、お声がけをためらってはいけません。ジェスチャーでもかまいません。「伝える」ことが大切です。

なお、最近は翻訳アプリなど便利な製品も出回っています。複数の言語に対応できる物もありますから使いこなすと役立ちます。

お客様目線に立つ

上のほうばかりに目がいっていると、足元のほうがおろそかになります。和室は段差がついていることも多いので、仲居はどち

らの目配りも怠らないようにします。外国人のお客様は背の高い方が多く、小柄な日本人とは視点が違います。常にお客様の立場に立っておもてなしをするように心がけましょう。

　他にも、障子や襖は取っ手を持って開けること、床の間には荷物を置かないことなどを伝えます。

　また、座布団も外国人のお客様にはなじみがありません。つらそうな方には、低い椅子などを用意します。

水の使い方

　外国人のお客様で戸惑われることの一つが水です。水道水が飲めるかどうか心配されます。海外では歯磨きに使用する水でさえ、ペットボトルの水を用意しているところもあるくらいです。水道水を安全に飲める国は世界中で15か国ぐらいですが、日本はもちろん安全に水が飲める国ですから、不安げなお客様には説明をして差し上げましょう。

　水ということでは、最近の旅館ホテルはシャワー付きのトイレを設置しているところも珍しくありません。外国人の中には初めて目にする人が多く、使用方法がわからず困惑されるようです。使い方は【外国人によく聞かれること】（P. 42）で詳しく述べているので、参照してください。

浴衣（ゆかた）

　旅館ホテルでは浴衣が用意されています。しかし、外国人のお客様はどう着ていいか、またどこで着る物なのかわかりません。浴衣は寝間着のことですが、滞在中、ずっと着用したままでよいところが普通の寝間着とは違います。室内ではもちろんのこと、館内のどこにでも浴衣で出入りできます。外の散歩も可能です。食事処も浴衣のままでかまわないのですが、浴衣の上にはおる物

（羽織）を着用したほうがよいことをお話しします。

　着方については【外国人によく聞かれること】（P.43）で詳しく述べています。外国人のお客様は不慣れですから、仲居がお手伝いして差し上げましょう。浴衣は持ち帰ることができないこともお伝えします。

入浴

　入浴も外国人のお客様が戸惑うことの一つです。多くの外国人のお客様は、事前にウエブサイトの動画サイトなどを見て漠然とはご存知ですが、実際に風呂場を前にすると、やはり戸惑われるようです。

　外国では他人といっしょに裸で風呂に入る習慣がありません。スパと呼ばれる温泉のある療養施設では、男女とも水着を着用します。外国人のお客様にとっては裸で他人と風呂に入るのは勇気のいることです。お部屋に入られた時に、入浴方法・マナーについて説明します。この際、イラストが入った説明書があれば、外国人のお客様にはわかりやすいでしょう。また、露天風呂や脱衣所にはカメラは持ち込めないこと、盗難や置き引きにも注意するようにお伝えします。さらに、浴衣やスリッパは形が同じであるため他の方と間違いやすいので、注意するようにお話しします。入浴のマナーについてはコラム（P.87）で詳しく解説しています。

　温泉場だけに限らないのですが、館内で外国人のお客様が困らないように、お知らせや注意点（お湯の出し方、止め方、温度・湯量の調整のしかた）などについて、日本語、英語、中国語、韓国語など多言語で表示しておきましょう。

　入浴を終えて、お部屋に戻ると、タオルや手ぬぐいの処置に迷われる場合も多いので、干す場所の説明を最初にしておきます。

お部屋付きのお風呂やシャワーに関しても、どちらが湯でどちらが水かわかりにくいかもしれないので、仲居が蛇口をひねって説明します。

　ところで、タトゥー（入れ墨）に関してですが、タトゥーがあると入浴を断る旅館ホテルが多いのは実状です。外国ではタトゥーはファッションという考え方ですから、断られる理由がわからないと言います。日本ではタトゥーは暴力団関係者の象徴と見る向きが強く、他のお客様に威圧感を与えることから一様にお断りしています。最近は、外国人のお客様に対しては、旅館ホテルでも"肌かくしシート"などを用意し、使っていただくようにお願いをしているところもあります。しかし、これではせっかく温泉を楽しみたいと思っている外国人のお客様を失望させる結果になってしまいます。外国人のお客様が急増される中、旅館ホテル全体で考える、差し迫った課題と思われます。

【外国人によく聞かれること】
　シャワー付きトイレ
　外国人に評判のシャワー付きトイレには一般に、「おしり」「ビデ」などのボタンが付いています。他に乾燥ボタンが付いている物もあります。おしり（洗浄）、ムーブ、ビデ、乾燥が基本です。まず、「おしり」ボタンを押して洗浄します。もう一度押すと、洗浄が停止します。ビデは女性のデリケートゾーンを洗浄するために使う物です。
　注意点としては水温を少し高めにし、水の勢いは最弱にしておき、皮膚を傷めないために使用時間は５秒程度にとどめましょう。

浴衣の着方

女性：浴衣を着たら、背筋をぴんと伸ばし、裾の左右の長さが同じになるように揃えます。合わせる時は右が下になるように。「右が先、左は後」と覚えましょう。襟元は喉元が見えるくらいの隙間を開け、後ろは、襟の後ろを引っ張って少しだけ広げ、こぶし一つ分の隙間を開けると、見た目がきれいです。帯を巻き、前で結びます。

男性：基本的な着方は女性と同じですが、男性の場合は腰骨の上に帯を巻きます。まず帯の真ん中がおへその下にくるようにして、前から後ろへと巻き付けます。一周させてから前に帯の端を持ってきて、巻き付けた帯と結びます。結び目は後ろです。帯を回す時は時計回りで。反対だと浴衣が乱れてしまいます。

浴衣の着方

① 　② 　③

神社・お寺への参拝の仕方

　神社に続く参道では、神様がお通りになる真ん中を避け、端を歩きます。最初に水の張ってある所（手水舎）で、そこに並んでいる柄の付いた物（柄杓）で水を汲み、手と口を清めます。この時、柄杓に口をつけてはいけません。お礼として捧げるお金（賽銭）を入れ、鈴を鳴らしてから、「二拝二拍手一拝」をします。２回頭を下げ、次に２回手を打ち、最後に一礼。なお賽銭の金額に決まりはありません。

　お寺へ参拝する時も、道の端を歩きます。鐘は許可がなければつかないようにしましょう。賽銭を納め、鈴などの鳴らし物があれば鳴らします。そのあと胸の前で手を合わせて合掌し、一礼します。手を打たない（拍手をしない）ことが神社への参拝と異なります。

ご挨拶

　お部屋へのご案内中、打ち解けた雰囲気になっていたとしても、お部屋にお通ししたら、改めてきちんとご挨拶をします。こうしてお客様への敬意を表します。リピーターのお客様には、最初に、「いつもご利用いただきまして、ありがとうございます」と一言添えましょう。お客様とは近い距離で接しますから、口臭や体臭には注意し、息づかいまで気を配りましょう。

　お部屋にご案内したらすぐに、その場で淹れた日本茶とお菓子をお出しします。この時、お客様が「このお茶、おいしい」とおっしゃってくださった場合、「実はこの地方でとれた日本茶です」などと一言付け加えましょう。それによって、「お土産に買って帰ろうかな」「どこに売ってるの？」と会話が進み、結果、売上にもつながります。

　またお客様との間では、政治や宗教の話は控えます。知ったか

ぶりもしないこと。細かなことは口頭ではなく書いて説明しましょう。なお、守秘義務がありますから、お客様に関して見聞きしたことはけっして外部に漏らしてはいけません。

お土産

お部屋で提供した日本茶、お菓子以外にも、ご当地自慢の産物などを、館内で販売していることを伝えます。スタッフ全員による、いわゆる“全員営業”することが大事です。

お土産を気に入っていただくと、もらった方や他の方にもお勧めしてもらえる可能性があります。リピート客になっていただくことにもつながるので、お土産は戦略的にも重要なアイテムです。

お客様に喜んでいただけるお土産としては、地元名産の日本茶、お菓子、漬物、魚の干物、日本酒、焼酎、ワイン、果物、地元野菜、かまぼこ、海苔、海藻類、民芸品など。食べ物の場合、日持ちする物が人気です。

館内と周辺のご案内

ご挨拶がすんだら、館内の細かい説明をします。この時大事なのは、一気にしゃべるのではなく、きちんと聞いていただけているかに気を配りながら行うことです。

これまでの会話の中からお客様のご予定などを聞き取り、お客様がお知りになりたいと思われる交通機関、道路事情、天候などをご案内します。地元の人しか知らない「インスタ映え」する観光スポットやおいしい食事処、映画やテレビのロケに使われた場所、絶景の展望ポイントなどをお伝えすると、喜ばれます。

ご用意する物

浴衣と羽織はお客様の身長を参考にご用意します。サイズは一

般的に大・中・小（あるいはL・M・S）。最近は男女別に幅広いサイズの浴衣をご用意していたり、枕も、そばがら・ウレタン・羽毛などを揃えている旅館ホテルもあります。スリッパや下駄もお客様の体型で判断してご用意するところもあります。

持ち帰っていい物・いけない物

　お客様の中には、浴衣や羽織を持ち帰る方がいますが、基本は持ち帰ってはいけません。バスタオルや厚手のタオルも同様です。名前が入った薄手の手ぬぐいタオルはお持ち帰りできます。他に持ち帰っていい物は、個包装のシャンプー類、石けん、歯ブラシ、かみそり、くし、シャワーキャップ、小さな化粧品セットなどのアメニティグッズです。

ご要望に対応できないこと

　お客様の中には無理なご要望をされる方もいます。その時、「知りません」「ありません」「できません」と拒むだけでは、そこですべてが終わってしまいます。どうしてもご要望に沿えそうにない時は、まず、そのことに対してお詫びし、次にその理由を申し伝え、さらに代案を提示します。「○○はございませんが、○○ではいかがでしょうか」といったようにです。ここまでしてくれた、ということでお客様は納得されます。

　また、自分がわからないこと、できそうにないことを聞かれた時は、知ったかぶりや、あいまいな答え方をせずに、「ただいま聞いて参ります」「確認の上、お返事させていただきます」ときちんと伝え、すみやかに対処します。返事もなるべく早くお客様に伝えます。時間がかかりそうな時は、途中経過をお伝えすることも大事です。

退室

　退室する時は、もう一度、お客様のお役に立てることはないか、確認することが大切です。例えば、夕方外に出られるお客様には、「このあたりは夕方になると寒くなりますので上にはおる物をお持ちになったほうがよろしいですよ」など、アドバイスして差し上げましょう。暗くなって帰り道がわからなくなった場合に備えて、泊まっている旅館ホテルの名前がわかる物をお渡しておくなども良いでしょう。退室時はお尻を見せないようにして下がるのが基本です。主役はお客様です。仲居は黒子として、お客様の邪魔にならない、音を立てない動きを心がけます。このような所作もまた、「おもてなし」の形です。

●途中でお部屋に伺う場合

　仲居のちょっとした気づかいという点では、赤ちゃんをお連れのお客様には、「ミルク用にお湯をお持ちしましょうか」などとお声がけすれば喜ばれます。ボタンがとれた、コーヒーをこぼして染みができた、などのお困りごとには、仲居が積極的に対処して差し上げれば、それだけでお客様から感謝されます。

　いずれにしても「お客様に言わせないサービス」、お客様が望んでいらっしゃることを先取りしてサービスすることが、旅館ホテルのおもてなしというものです。

●お食事の提供（部屋食の場合）

　旅館ホテルに宿泊する楽しみの一つは食事にあるといっても過言ではないでしょう。地元の料理に舌鼓を打ちながら、お連れの方と楽しい時間を過ごす。その演出を心を込めて行うのが仲居の仕事です。お部屋に入る時は、「おくつろぎのところを失礼いたします」と一声添えます。

お料理をのせたお盆は畳の縁に平行に置きます。お料理は上座から出すのが基本です。お子様同伴の時は、お子様から先にお出しします。サービスをしている間は、お部屋の入口のドアは開けておいてもかまいませんが、廊下から中が見えないように、襖は必ず閉めておきます。

■外国人のお客様の場合

　近頃は、箸を上手に使う外国人が増えましたが、それでも初めての方は大勢います。基本的な箸の使い方は説明しましょう。（P. 139参照）

　料理によっては外国と日本ではマナーが違うことがあります。例えば麺類です。外国では麺をズルズルするのは行儀が悪いとされ嫌われますが、日本では許されます。

　また、外国人のお客様が困惑されるのが調味料です。どれもよく似ていて、初めて目にする物が多いからです。例えば、醤油とソース。日本人ならすぐに見分けがつきますが、外国人には違いがわかりません。そのため手をつけなかったりします。ただテーブルに並べるのではなく、「このお料理にはこれをおかけください」と、一言加えます。また、天ぷらに塩を付けて出す時も、首をひねるお客様もいらっしゃるでしょうから、「これは特別な塩です。つけて食べてもおいしいですよ」と添えれば、お客様も食べてみようと思います。他には、わさびを知らない方もいらっしゃるでしょうから、その使い方も教えて差し上げましょう。

　単にテーブルに並べるだけが仕事ではありません。わからない方に食べ方まで教えて差し上げるのも、おもてなしです。

●バイキング（ビュッフェ）

　旅館ホテルの夕食や朝食でバイキング形式の場合、コースと同じ要領でいただくのが基本です。何度も取りに行くのが面倒だからと皿に一度に取る方がいますが、これはマナーに反しています。前菜に当たるものから少しずつ取り、食べ終えてから次のお料理を取りに行きます。また、熱いものと冷たいものを同じ皿に盛らないようにします。

●お夜食

　夜、お腹が少し空いた時など、お客様が食事を望まれることがあります。この場合、「調理人がいないので作れません」ではなくて、「おむすびかお茶漬けならご用意できます」など、できる範囲の提案をしましょう。

　なにごとにつけても旅館ホテルの都合だけで考えてはいけないということです。お客様はこちら側の都合通りには行動されません。遅い時間に食事を希望するお客様もいらっしゃいます。「○○はできませんが、○○ならご用意できます。いかがですか」と、一つがだめなら、別の提案をするのがプロです。

●宴会の精算

　トラブルが発生しがちなのが宴会です。「予算の範囲内でやってくれ」とお客様が言われても、その通りにはいかないのが常です。お酒の追加を望まれた場合は幹事に、「ご予算を超えてしまいますが、いかがいたしましょうか」とお尋ねして返事を待ち、追加の了承をとることが大事です。

　特に精算でのトラブルを避けるためにも、事前にメニューをお渡しして、精算金額は宴会の終わりに幹事に提示し、確認してもらい

ます。同時に、チェックアウト時に領収書をすぐにお渡しできるように、この時点で宛名を伺っておきます。

●心付け

部屋を担当する仲居にお客様が心付けを手渡すことがあります。一旦はお断りをし、どうしてもという場合には、いただいてから女将か上司に報告します。心付けは個人が受け取る場合もあれば、雑収入にすることもあります。

●チェックアウト（退室手続き）

チェックアウトの際に聞かれることは多くあります。最寄りの駅、そこまでの所要時間、タクシーやお送りするバス、天候、道路事情、観光スポットなど。あらかじめ情報を仕入れて準備しておきます。

また、領収書の発行には時間がかかります。事前にお名前の振り分けを伺っておくとスムーズに発行できます。

●お見送り

「お迎え上手の送り下手」という言葉があります。これはお迎えは厚くもてなすが、お帰りはそっけない態度で送る、という旅館ホテルに対する戒めをいったものです。

お客様からおほめの言葉をいただいたり、反対にクレームの多いのも帰り際です。お帰りの時こそ、次にまた来ていただけるように、心を込めてお見送りしましょう。できるだけ大人数で明るく行います。その際、お客様のお姿が見えなくなるまでしっかりと手を振ります。この間、けっしてスタッフ同士でおしゃべりしたり、ふざけ合ったりしてはいけません。お客様は本当によく見ています。

●敬語で "おもてなし"

　敬語は使ってこそ身につくものですが、近年、若い人たちは敬語になじみがありません。コミュニケーションはメールやLINEで、しかもその相手の多くが同世代です。目上の人と会話する機会が少ないため、敬語の使い方を知りません。しかし、サービス業は敬語が基本です。敬語もまた、おもてなしの一つの形です。

　　・いらっしゃいませ

　　・おはようございます

　　・ありがとうございます

　　・かしこまりました

　　・申し訳ございません

　　・恐れいります

　　・少々お待ちくださいませ

　　・失礼いたしました

　接客用語は基本中の基本ですから、状況に沿ってすぐに言えるように身につけましょう。その場合、心を込めて伝えることが大切です。なお、お客様のお話に対しては、返事をするタイミングも大事です。一瞬間をおくようでは、お客様のお気持ちもそこで途切れてしまいます。お話とつながるような返事をしましょう。

【覚えておきたい敬語】

尊敬語

①「れる」「られる」パターン

　・話されました　・読まれましたか？

②「お〜なる」パターン

　・お話しになります　・お読みになりましたか？

③丁寧度が増して別の言葉になるパターン

　　・見る→ごらんになる　　・言う→おっしゃる

　　・いる→いらっしゃる　　・食べる→召し上がる

　　①②③の順で丁寧度が高くなっていきます。

　　・言う→言われる→お話しになる→おっしゃる

　　・食べる→食べられる→お食べになる→召し上がる

　　・行く→行かれる→お行きになる→いらっしゃる

　　・来る→来られる→お越しになる→いらっしゃる

　　・いる→居られる→おられる→いらっしゃる

謙譲語

①特別な言葉を使うパターン

　　・拝見します　　・申し上げます　　・存じております

②「お～する」パターン

　　・お酒をお持ちします　　・ご説明を申し上げます

　　・お電話を差し上げます

③　個人、物をへりくだるパターン

　　小生、弊社、粗品など

④いただきます＆くださいます

　　この二つの言葉の原形は「もらう」「くれる」。いただくは謙譲語、

　　くださるは丁寧語。

　　◎　お時間いただけますか？

　　○　お時間くださいますか？

　　◎　お越しいただきましてありがとうございます

　　○　お越しくださいましてありがとうございます

丁寧語

　文末に「です」「ございます」を付ける言い方と、名詞の接頭語として「お」「ご」を付ける二つのパターンがあります。

　音読み／ご両親、ご起立、ご案内

　訓読み／お父様、お父上、お花

　外来語に「お」「ご」は不要です。おビール、おコーヒーは行き過ぎになります。

二重敬語はNG

　一つのフレーズに二つの敬語がでてくるのは文法上誤り。

○　召し上がりましたか？　　×　召し上がられましたか？

○　ちょうだいします　　　　×　ちょうだいさせていただきます

○　拝見します　　　　　　　×　拝見させていただきます

その他のNG表現

　謙譲語を相手に使うのは誤り。

○　どうぞお申しつけください　　×　どうぞお申し出ください

○　お食事は召し上がりましたか？　×　お食事はもういただきましたか？

○　担当の者にお尋ねください　　×　担当の者に伺ってください

【温泉の種類】

　治療目的の療養泉は泉質の違いから、次の10種類に分かれます。

単純温泉／泉温が25度以上で、温泉水１kg中の溶存物質が１gに
　　　　　満たないもの。刺激が少なく肌にやさしいのが特徴。

塩化物泉／塩分を含んだ温泉。汗の発汗や蒸発を抑える作用があり、
　　　　　湯冷めしにくいのが特徴。「熱の湯」とも呼ばれる。

炭酸水素塩泉／肌がツルツルになる効果があり「美肌の湯」と呼ば
　　　　　れる。

硫酸塩泉／主な成分はアルカリ金属やアルカリ土類金属の硫酸塩。
　　　　　古くから薬効が高いとされる。

二酸化炭素泉／二酸化炭素を含む温泉。炭酸が含まれるため細かい
　　　　　泡が出るので「泡の湯」「ラムネの湯」と呼ばれる。

含　鉄　泉／鉄分を多く含むため、飲用すれば貧血症などに有効。保
　　　　　温効果も高い。

硫　黄　泉／硫黄成分を含んだ温泉。空気に触れて酸化すると白濁か
　　　　　ら黄色味を帯びることがある。沈殿物は「湯の花」とも
　　　　　呼ばれる。

酸　性　泉／多量の水素イオンを含み、硫酸や塩酸の形で含まれる温
　　　　　泉。高温の場合が多い。酸味があって殺菌力が強く、肌
　　　　　にしみるほどの刺激があるのが特徴。

含よう素泉／2014年に新たに追加された泉質。よう化物イオンを
　　　　　含む。

放射能泉／微量のラドンを含んだ温泉。ラジウム温泉、ラドン温泉
　　　　　と呼ばれる。

第3章
お身体の不自由なお客様へ

接客という目に見えない商品で顧客満足を追求する旅館ホテルですが、その内容にはこれまで以上のスキルアップが求められています。

●心に響くおもてなし

　わが国では2006年に「バリアフリー新法」が制定されました。その結果、階段や段差が解消されるなどして、多くの建物で誰もが利用しやすい環境に整えられつつあります。それだけ高齢者や身障者も外出しやくなりました。

　とは言っても、すべての施設がバリアフリーではないため、スタッフが適切なサポートをできていないこともあれば、バリアフリーに設備を変えただけにとどまっている旅館ホテルも多いのが現実です。

　このような問題を解消するには、旅館ホテル側の姿勢はもちろんですが、スタッフも意識を変えることが求められます。それは「高齢者や身障者へのフォローを大変なことだ」と思い込んでいる可能性があるからです。

　そうではありません。ほんのささやかな気づかいで充分なのです。もし自分の親なら、自分の子供ならと考えたら、こうしてあげよう、ああしてあげよう、こんなこともしてあげたいと思えば良いだけのことなのです。ささやかな気づかいは「やさしい想像力」によって生まれるものなのです。

●対応できる施設・設備

　まず、高齢者や身障者に十分対応できる施設・設備であるかどうか、見直すことから始めましょう。

　入口のドア一つとっても、開閉がスムーズでなければ、その時点で出入りが困難です。一段高くなった横木が置かれた、あがり框がある場合も同様です。障害になります。他にも、浴室やトイレの床

はすべりやすくないか、段差があったりはしないか、手すりは付いているか、サポートするスタッフは十分いるか、などを改めて見直しましょう。

　高齢者や身障者のお客様にとってはこのような一つひとつのことで、旅館ホテルでの滞在を楽しめるかどうかが左右されます。旅館ホテルで改善できることは改善し、仮にまだなら、スタッフのサポートで補えるかどうかを常に考えておくことが必要です。

　では、どの高齢者、身障者にも喜んでもらえる旅館ホテルであることを目指し、何をすればいいのか、具体的に見ていきましょう。

●ご予約

　旅館ホテルはお客様のご予約から始まります。この段階で確認するべきことは多くあります。きちんとした回答をしなかったために、お見えになってから、「こんなところとは聞いてなかった」と不快に思われたり、中にはクレームにつながったりします。

　高齢者や身障者のお客様は旅行での不安感を取り除いてもらいたく、できること、できないことをきちんと答えてもらいたいのです。聞かれたことへはもちろん、気づいたことも、この段階で先回りしてお話ししておくことが大切です。

　その際、自館ができる施設・設備、サポート態勢を記したリストが役立ちます。それを見ながらだと対応も効率よく進みます。

　例えば、高齢のお客様の場合、寝具の欄に、「布団」「ベッド」「その他」とあれば、ご希望にチェックを入れます。きっとベッドがいいだろうとか、布団がいいだろうと勝手に思い込まないことです。必ず、お聞きします。あるいは、食事内容の欄に、「減塩」「低カロリー」「油っこくない物」「柔らかい物」「細かく切った物」「その他」と書き分けておけば、ご希望を伺いチェックを入れることができます。これだけのことで、お客様が口にできる料理をスムーズ

に調理場と共有できます。

　近年、ご予約は個人の場合、電話、メール、ファックス、ウエブサイトからと、その方法も多彩です。中でも多くの方が、まずウエブサイトでご自分の希望に合った旅館ホテルを探し、その中から条件に合うところを選ばれます。こうして一般には、ウエブサイトから直接予約したりしますが、高齢者や身障者のお客様はそれだけでは情報が完全でなく不安なために、多くの場合、電話で確かめます。

　この際、ご本人なのか、同行者なのかをまず、確認します。その上で、滞在中どのようなご希望をお持ちなのか伺います。ただし、くれぐれも失礼のない話し方をすることが大切です。「ご滞在中にお手伝いできることはございませんか」「お身体のことで、お伺いしておいたほうが良いことはございますか？」というようにです。

　また、旅館ホテルで、できないこともはっきりお伝えします。「……につきましては、私どもではご提供できないのです。大変申し訳ございません」というようにです。

　サポートを必要としているお客様は、むしろそのようにきちんと言ってもらいたいのです。もちろん、失礼のないように伝えることが条件です。

　電話口では時に、お客様が聞き忘れることもあります。あとから「あれを聞いておくべきだった」というようなことです。そこで、お客様との会話中、もしかするとこのことをお知りになりたいのでは、あるいは知っておかれたほうが良いのではと察したら、さりげなくその情報を伝えます。聞かれたことだけに答えるのではなく、「やさしい想像力」を活かし、このことでお客様に満足いただけるおもてなしにつなげましょう。

　ここからは実際に、高齢者や身障者のお客様が旅館ホテルにお越しになった場面に沿って見ていくことにしましょう。

目の不自由なお客様

　視覚障害のお客様にはどのような対応が必要か見ていきましょう。

　一言で目が不自由といっても、まったく見えない方から、ぼんやりと見えるという方まで、障害には差があります。そのことをまず理解しておく必要があります。

　おもてなしをする上で最初に知っておかなければならないのは、目の不自由な方たちが、日ごろどのようなことにお困りなのかということです。それが、目に障害のあるお客様をおもてなしする基本となります。

　お困りのこととしては、屋内外の段差や溝などに足を取られやすい、「宿泊カード」に記入できない、館内施設の表示や掲示板・利用案内が読めない。また、一度の説明では館内の設備や施設の配置などがわからず、「あちら」「こちら」「もっと先」などと言葉で説明されても理解できない。支払い時に紙幣や硬貨の確認に時間がかかることなどがあります。

　これらを踏まえた上で、目の不自由なお客様にご満足いただける接客を見ていきましょう。

●**お出迎え**

　視覚障害のお客様をお見かけしたら、すぐに駆け寄ります。「いらっしゃいませ。お待ち申し上げておりました。○○係の○○と申します。何かお手伝いできることはございますでしょうか」と、ハキハキした声で、お手伝いを申し出ます。

　行動に移る前に、まずお声がけをすることが鉄則です。いきなり体に触れたり、いきなり説明に入ることはお客様を戸惑わせます。手に取れる物は手に取っていただき、そうでない物は仲居が色や形

などを言葉にして伝えます。

　また、つい同行の方に話しかけてしまいがちですが、ご本人に向かってお話しすることが大事です。主役はあくまでも目の不自由なお客様であることを忘れないようにします。

●チェックイン

　宿泊カードへの記入は、お客様の承諾を取った上で、同行の方にお願いするか、お一人でご宿泊の場合は、フロント係が代筆します。

●お部屋までのご案内

　目の不自由なお客様にとって白杖（はくじょう）は「目」の代わりとなる大切な物です。たやすく触れるのは厳禁です。仲居が付き添う時は、必ず白杖を持っていない側に立ちます。そのあと自分の肘の上を持っていただくか、肩に手を乗せていただきます。その際、仲居は腕をリラックスさせて下ろしておきます。けっして自分のほうからお客様の肩をつかんだり、手を引いてはいけません。仲居がついやってしまいがちな行為です。

　また、お客様のスピードに合わせることは言うまでもなく、お客様の前をふさがないように、斜め1歩または半歩前を歩くようにし

　視覚障害のあるお客様の誘導方法

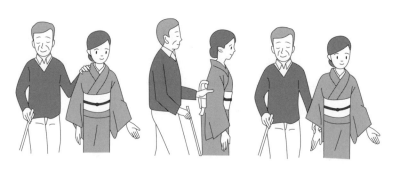

ます。途中で止まる時は、壁など体が触れておける場所を選びます。その時も突然、手を外すとお客様は不安になられますから、必ずお声をかけてから行動に移ります。

　通路の説明では、「前」「後ろ」「右」「左」「３m先です」というように、具体的に言葉にします。

　段差のある前では必ず一度止まり、「５cmの上りの段差があります」などと告げた上で進みます。階段では、仲居が１段先を行き、「あと４段です」などと具体的に説明します。踊り場や最終段に着いた時も同様です。

　誘導する際、つい「あちらです」「こちらです」「もうすぐです」などと言ってしまいがちですが、必ず、「５m先に階段がございます」「このまま直進します」「３m先を左に曲がります」などと、具体的に説明することも重要です。ただし直前に告げるのではなく、距離には余裕を持つようにします。

●浴場でのサポート

　同行者がいない場合には、原則として同性の仲居が付き添うようにします。

　お客様の中には、「一人で大丈夫」と言われる方もいます。この場合は、設備についてご説明します。

　脱衣場では、脱衣かごやロッカーの場所と、その使い方。浴室では湯船の大きさと形、段差があるかないか、あればその場所。他にも、洗い場の桶や椅子の位置、お湯の出る場所、シャワー、コンディショナーやボディソープの位置などを説明します。

●部屋食でのお食事時のサービス

　ここでもきめ細やかなサービスが大切です。できる限りわかりやすく、かつ的確に説明する必要があります。

例えば、料理の場所は時計に見立てると、わかりやすいでしょう。

　例：「9時の方向にある蓋付きの器が茶碗蒸しです」

料理を次々にお出しする時は位置も言い添えます。

　例：「○○の左隣りに○○を置きます」

鍋などの熱い料理は、場所と熱い旨を必ず伝えます。

　例：「左手の鍋が熱くなっています。お気を付けください」

いったん並べたら、お皿の位置を変えないようにし、また仲居を呼ぶブザーをお客様の手の届く位置に置くことも忘れないようにします。

●バイキングスタイルのお食事のサービス

お声がけをしてから、お客様のお好みの料理を取って差し上げるなどのサポートが喜ばれます。

●チェックアウト・お見送り

けっして急かした態度をとってはいけません。混雑するフロントを避け、お部屋で行っていただくのも一つの方法です。部屋から玄関やお車まで荷物を持って差し上げます。

金銭の受け渡しは、紙幣と硬貨を必ず声に出して確認しながら行います。

●盲導犬

盲導犬を連れたお客様は館内で抜け毛が散らばらないように、到着前にブラッシングをしておくことが必要です。予約段階でお客様にお願いしておきます。もし館内が抜け毛で汚れるようなら、お客様に対処していただくようにお願いしましょう。

その上で、盲導犬に対する正しい扱いを覚えておきましょう。

盲導犬は視覚障害者の目となるパートナーです。そのため一般の

犬に接するように、触ったり声をかけたり餌をあげるような行為をしてはいけません。お客様が握っているハーネスもけっして触ってはいけません。

入館時は、お客様にお願いして盲導犬の足を拭いていただきます。気を利かしてスタッフが行ってはいけません。タオルは事前に用意しておきましょう。エサはお客様が持参されますから、旅館ホテルで用意することはありません。トイレもお客様が責任もって処理をします。旅館ホテル側は、敷地内で盲導犬が入れる場所をあらかじめお客様にお知らせしておきましょう。

目の不自由な方をサポートする盲導犬の他に、耳の不自由な方には聴導犬、身体の不自由な方には介助犬がいてサポートを行います。

耳の不自由なお客様

耳の不自由なお客様は、外見からでは障害が分からないため、健常者と同じ扱いをされがちです。普通に声をかけられるために、相手の意思がわからず、意思疎通が図りにくいことが起こります。また、客室のドアのノックや電話の音、緊急時の非常ベルや館内放送も聞こえません。

これらを踏まえて、耳の不自由なお客様をお迎えし、喜んでいただくには、どのように接客すればいいか見ていきましょう。

●障害の度合いを知る

まず障害の度合いを知り、それに合わせたコミュニケーション方法を選択します。手話をしている、補聴器を使用している、お声がけに反応しない、身ぶりを交えたしぐさをしているなどの時は耳に障害のあるお客様かもしれないと予測し、どのコミュニケーション

手段が最も適しているかを考えます。ジェスチャー、筆談、空書（空中に文字を書く）、読話（口の形で言葉を読み取る）、手話などの中から選びます。

　耳の不自由なお客様に対するこの作業は大変重要です。それを怠ったばかりに、あとでトラブルになることはよくあります。十分注意しましょう。

　コミュニケーションとして良いのは、この内のいくつかを組み合わせることですが、慣れなくても確実にできるのが筆談です。いつでもどこでも対応できるように、メモ用紙とボールペンを常時携帯するようにしましょう。内容が伝わったかどうかは、表情から確かめます。

　お話しする時は、ゆっくりとわかりやすく。複数の人に同時に話しかけてはいけません。読話のできる方には口先がわかるようにはっきりと話し、ジェスチャーも交えるとより伝わりやすくなります。

　お声がけをする際、けっして後ろからいきなり身体に触れてはいけません。話しかける時は、前方に回ってから肩をトントンと軽く叩いてから呼び止めて、行うようにします。

●お出迎え

　お辞儀だけでなく、「いらっしゃいませ」「おはようございます」程度の手話は覚えておくことが望まれます。手話ができない時はジェスチャーや口をはっきりと動かすことでコミュニケーションを図りましょう。仲居はつい同行者に話しかけがちですが、あくまでも主役は耳の不自由なお客様ですから、お声がけはすべてお客様に対して行います。

●チェックイン

　手話のできるフロント係がいれば一番良いのですが、いない場合は筆談で行います。

●お部屋へのご案内

　手話ができない場合は、メモに書いてコミュニケーションをとります。また、館内の説明は、館内図を用い、文字を見ていただきながらご案内します。

●お部屋でのご案内

　お客様によってコミュニケーションの手段が異なります。筆談、手話、読話など、どれをお望みか伺ってからにします。また、補聴器のお客様には、「通常の会話でよろしいでしょうか。それとももっと大きな声のほうがよろしいですか」と先に伺い、なるべく雑音の入らない静かな場所で応対するようにします。

　館内施設や設備をご案内する時は、「ご利用案内」を一読していただいてから、ジェスチャーや筆談などで補足します。

　お声がけは、必ず前に回ってから行うのが鉄則です。

　話が確実に通じているかは、表情から判断します。黙っていらっしゃる場合は話が通じていない可能性があります。もう一度ゆっくりと繰り返すか、別の方法を選択します。

●チェックアウト・お見送り

　身障者の方すべてに通じますが、けっして急かしてはいけません。お部屋でチェックアウトをしてもらうことも一つの方法です。

　「ありがとうございました」「また、お越しください」程度の手話は覚えておくことが望ましいです。

高齢のお客様

　高齢者が日常生活でどのようなことを困難だと感じているか、知っておくことがまず大切です。もちろん個人差がありますから、すべての方に当てはまるわけではありませんが、一般的には、次のようなことが考えられます。

　高齢者になると足元が弱く、ころぶ、つまづく、よろけやすくなります。反応も遅くなり、とっさの行動がとりにくくなります。さらに、小さな文字が読みにくくなったり、話し声や音が聞き取りにくくなったり、物忘れもしやすくなります。

　これらのことを踏まえた上で、高齢のお客様に接する場合、基本的な姿勢として以下のことをしっかり心に留めておきましょう。

　まず、人生の先輩として、礼儀を持って接することです。必ず「お客様」「〇〇様」とお呼びし、けっして「おじいちゃん」「おばあちゃん」などと言ってはいけません。

　度の過ぎたお年寄り扱いをすることも控えます。仲居は最大限のおもてなしだと思っても、お客様にとっては、「自分はまだそんな年寄りではない」と、良い気分がしないものです。最初から手を貸すのも同様です。必要な時に駆け寄り、さりげなくサポートします。

　また、業界用語、略語、外国語などは避けます。日常的に使っていると、つい口にしてしまいがちですが、慎まなくてはいけません。

　お部屋にご案内する時は、歩く速度をお客様に合わせることが大切です。また、物忘れをしがちですから、特に出発時は「お忘れ物はございませんか」と、確認を促すようにします。チェックアウトをする時は、会計に余裕を持っていただくために、混まない時間帯にフロントにお越しいただくように、ご案内します。

●お出迎え

　お客様のペースに合わせることが基本です。急かすような態度は
いけません。

　高齢のお客様で歩行がスムーズでないと察したら、すぐに駆け寄
り、玄関口の段差、スロープ、階段などで、手を取るなどしてサポ
ートします。耳が遠い方に対しては、一語一語ゆっくり大きな声で。
どこまでもさりげないふるまいを心がけましょう。杖をお使いであ
れば、館内に入る時には、声をかけてから杖の先を拭きます。

　また、お客様の中には、車椅子を使っていても歩ける方がいます。
お客様が車椅子から降りようとされる時は、足をのせるフットレス
トが邪魔になります。ご本人と付き添いの方にお声をかけてから、
足を少し持ち上げ、その間にフットレストをたたみます。

　お客様の中には、自分の体に触られるのを嫌がる方もいます。必
ずご本人に承諾を得ることが必要です。その際は、同じ目線まで腰
を落とし、「お手伝いいたしましょうか」とお声がけをします。

●チェックイン

　お客様の動作がゆっくりであっても、フロント係はお客様のペー
スに合わせます。急かされたり、嫌な顔を見せられると、それだけ
で「もう二度とこない」と感じさせてしまいます。お客様だけでは
ありません。その話を聞かされた人たちも、利用を敬遠することに
なります。旅館ホテルとしては大変恥ずかしいことです。

　このような場合は機転を利かし、ロビーか、あるいはお部屋にお
入りになってから「宿泊カード」にゆっくり記入していただくよう
にします。

●お部屋へのご案内

　お客様のペースに合わせてご案内するのはこれまでお話しした通

りです。お部屋までお荷物をお持ちします。

　エレベーターがなく、階段を上らなければならない場合は、お客様の1段下に立ち、お客様の体を支えられるような体勢で、ゆっくりと上がります。反対に、階段を下りる時は、1段下からお客様と向き合う形で立ち、1歩ずつゆっくりと下りていきます。ただしそれは、歩行が困難と判断した場合に限ります。高齢だからといっていきなりそのようなことをしては、気分を害されてしまうので気をつけましょう。

●お部屋でのご案内

　お部屋にご案内したあとは、一般のお客様に対する応対と同じです（P.44参照）。ただし、高齢者のお客様ゆえのサポートやフォローをすることは重要です。「細かいところにまでよく気がつく」と喜んでいただくには、大浴場は、転倒防止のために洗い場から湯船まで麻のマットを敷く。風呂椅子は、座高が高く座る面が広い物を用意する。大浴場の使用がむずかしそうと感じた場合は家族風呂をお勧めするというようにです。

　「部屋食」のお食事の場合は、予約時に伺ったご希望に沿ったお料理を提供します。また、箸を使うことが困難な様子なら、ご要望がなくてもフォークやスプーンをお持ちしましょう。小さな気づかいが大事です。お客様にも喜ばれることでしょう。

●チェックアウト・お見送り

　どの場合も同じですが、ここでも急かさないで、ゆっくり対応することが大事です。混み合うのを避けるために、お部屋でチェックアウトをしていただくのも一つの方法です。お部屋から玄関、またはお車まで荷物をお運びします。靴を履きやすいように、適した高さの椅子を用意します。

車椅子のお客様

　身障者の方で車椅子を使用されるお客様に対して、旅館ホテルではどのようなサポートやフォローをするべきか、見ていきましょう。

　車椅子の方々は日常、どのようなところにお困りでしょうか。一番大変なのが、段差、勾配のきついスロープ、溝などがあって、車椅子が上がれなかったり、通れなかったりすることです。客室も、洗面所や浴槽・トイレなどが車椅子に対応した造りになっていない場合や棚が高いところにあり過ぎて、手が届かなかったり、反対に低すぎる場合などが考えられます。

　そこで、車椅子のお客様に対してどのように接客すれば喜んでいただけるか見ていきましょう。

　車椅子のお客様に気づいたら、すぐお声がけし、同行の方がそばにいても、「お手伝いできることがございましたら、ご遠慮なくおっしゃってください」とお客様の目を見て申し出ることです。サポートを受けるのはお客様です。直接話しかけることが大事です。

　また、つい立ったままで応対してしまいがちですが、腰を落として、お客様の目線に合わせることです。お客様がご自分で車椅子を動かしている場合は、真正面からではなく、お客様のお顔の横方向からお声がけするようにします。

　どの場合もそうですが、いきなり黙って車椅子を動かしてはいけません。それでなくても車椅子のお客様は常に不安を抱えていらっしゃいます。事前に一声おかけすることが、基本中の基本です。

●車椅子について

　操作に慣れていない仲居も多いでしょうから、まず車椅子について知っておきましょう。

車椅子には自分で車輪を回すタイプと電動のタイプがあります。多くの方がお使いなのが前者です。ここでは手動タイプについて見ていきます。

- ・介助者はハンドグリップを握って押します。
- ・停車中はブレーキを手前に引きます。特に傾斜のある場所では必ずブレーキを引きます。
- ・ステッピングバーは介助者がキャスター（前輪）を上げる時に踏みます。
- ・ハンドリムは手で車輪を回すためのものです。
- ・フットレストは足を置く場所です。

●車椅子でのサポート

では、いろいろな場面における、仲居がお手伝いする際の車椅子の操作について見ていきます。(P. 71参照)

■段差がある場合

段差を上る時は、必ずお声がけをしてから車輪を上げるために付けられた足元のステッピングバーを踏みます。次に車椅子を後ろに傾け、キャスター（前輪）を浮かせて前に進みます。反対に降りる時は、車椅子を後ろ向きにして、後輪から静かに降ろします。

■階段がある場合

この時は人手が必要です。4人で行います。ブレーキをかけておいてから、2人が左右のハンドグリップ（①）と車輪（②）、あとの2人が左右のアームレスト（③）とレッグレストのパイプ（④）をしっかり持ち、運び上げます。上る時は車椅子を前向きに、降りる時は後ろ向きに。傾くと危険ですから、常に平衡状態を保つようにします。

〈段差を上り下りする際の操作〉

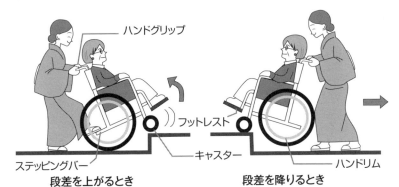

ハンドグリップ

フットレスト

ステッピングバー

キャスター

ハンドリム

段差を上がるとき

段差を降りるとき

〈階段を上り下りする際のサポート〉

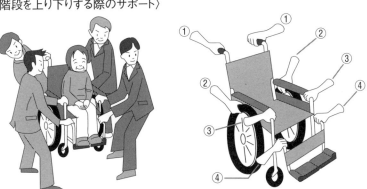

〈エレベーター乗降時の操作〉

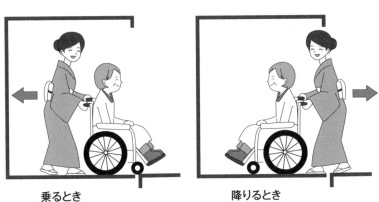

乗るとき

降りるとき

71

■エレベーターに乗る時、降りる時

　段差に注意し、車椅子を後ろ向きにして乗り込みます。すぐに反転させて降りる時に備えます。降りる時も後ろ向きで。エレベーターが狭くて向きを変えるのがむずかしい時は、前向きで乗り入れてから、後ろ向きで降ります。

●お出迎え

　「お手伝いできることはありませんか」と、行動に移る前に必ずお声がけすることは、これまでに述べた通りです。先走って介助をすることは、車椅子のお客様のプライドを傷つけることもあるので、くれぐれも注意が必要です。

　自館で車椅子を用意しているところでは、滞在中、そちらを利用していただきます。ただし、お客様がホイールカバー（車輪カバー）を持参している場合、介助者かスタッフが装填した上、ご自分の車椅子を使っていただく場合もあります。

●チェックイン

　カウンターは通常、健常者用に作られています。そのためフロント係はどうしても目線が同じ介助者に話しかけがちです。その間、車椅子の方は疎外感を味わい、良い気持ちがしないものです。

　低いテーブルがあれば、そこで手続きをしていただき、それも無い場合は客室に入ったあと記入していただくのも一つの方法です。

●お部屋でのサポート

　和室では、車椅子を室内で使うことができません。そのためお客様の身体をサポートしてお部屋に入っていただくことが必要です。その場合、2人以上で行います。まず、お客様に前で軽く手を組んでいただき、1人がお客様の背後から脇の下に手を入れ、両手首を

それぞれしっかり掴みます。もう1人は足を抱えます。2人が呼吸を合わせてお客様を静かに持ち上げ、中へお運びします。

●浴場でのサポート

脱衣場、洗い場、浴槽の間を移動する場合が、介助サポートが必要です。介助者1人で無理な時は同性のスタッフがお手伝いします。その際、入浴用の車椅子や介護用のシャワーチェアの貸し出しができれば喜ばれます。風呂の椅子に座るのが困難なお客様に対しては、洗い場の床にスポンジマットを敷くのも一つの方法です。

大浴場での入浴が困難な方には、家族風呂をお勧めしたり、あるいは部屋付きのお風呂で入浴をしていただくことを提案します。

●お部屋でのサービス

旅館ホテルは基本的に和室で、ベッドではないのが普通です。ご希望によりますが、車椅子のお客様が利用しやすい折り畳み式の簡易ベッドを用意するのも一つの方法です。

●バイキングスタイルのサービス

バイキングスタイルのお食事では、車椅子のお客様はご自分で料理が取りにくいことがあります。お声がけをしてから、お好みの物を取って差し上げましょう。

●チェックアウト・お見送り

基本的には高齢者や他の障害者の方々に対するのと同じです。ゆっくり対応することが大事です。混み合う時間を避けるために、お部屋でチェックアウトをしていただくのも良いでしょう。

【温泉の適応症】

　温泉はいろいろな症状に効果があります。

単純温泉／筋肉痛など慢性的な痛みや末梢循環などに温熱効果有り。
　　　　　刺激が弱く、自律神経不安定症、不眠症などに有効。

塩化物泉／神経痛、筋肉痛、関節痛、打ち身、運動麻痺、関節のこ
　　　　　わばり、疲労回復などの一般的適応症の他、皮膚疾患に
　　　　　も効果的。

炭酸水素塩泉／前述の一般的適応症の他に、切り傷、やけど、慢性
　　　　　皮膚病に効果がある。

硫酸塩泉／前述の一般的適応症の他、動脈硬化症、切り傷、やけど、
　　　　　皮膚病に有効。

二酸化炭素泉／前述の一般的適応症の他、高血圧症や動脈硬化症、
　　　　　切り傷、やけどに効果がある。

含　鉄　泉／前述の一般的適応症の他、女性特有の月経障害にも良い。

硫　黄　泉／前述の一般的適応症の他、慢性皮膚病、慢性婦人病、切
　　　　　り傷や糖尿病に効果的。

酸　性　泉／前述の一般的適応症の他、酸による殺菌効果や慢性皮膚
　　　　　病に有効。

含よう素泉／飲泉によって高コレステロール血症に効果がある。

放射能泉／前述の一般的適応症の他に、痛風や高血圧症、動脈硬化、
　　　　　慢性皮膚病、慢性婦人病、胆石症や慢性胆嚢炎に効果的。

第4章
和室の作法

戦後、日本家屋は西洋化していき、今では全室畳の家というのは
珍しいほどです。そのため、和室に慣れていない人が多く、旅館ホ
テルで働く若い人たちも和室での作法に戸惑うことが多いようです。

和室の基礎

和室には西洋建築にない独特の様式があります。それは部屋の造
りであったり、もてなしの位置であったり、あるいは立ち居振る舞
いであったりします。まず最初に和室の基本から学びましょう。

●床の間
日本建築の歴史の中でも、特に大切にされてきたのが「床の間」
です。これは和室の中でも最も上座に位置するところです。床飾り
といって、掛け軸や生け花、香炉などを飾り、お客様をもてなす場
所です。その意味を知らない外国人の中には、バッグや荷物の置き
場所と勘違いする人がいます。床の間は上座ですから、そのような
物を置くことはできません。

●掛け軸
書や日本画が描かれ、表装された物で、床の間に飾ります。季
節感のある行事にちなんだ物が選ばれます。掛け軸は掛けっぱな
しにする物ではなく、朝掛けたら夜には巻き上げて片付けるのが
本当です。旅館ホテルではその会社の方針に従うとよいでしょう。
掛けたら必ず一度座ってみて、ゆがみがないかを確かめます。
湿度や温度で変形することもあり、よく注意しましょう。

●花

　床の間に花が活けてあると、部屋が華やぎます。季節の花材を選びます。床の間の大きさに対してバランスをとることが重要です。掛け軸の内容とかち合わないようにし、花器と花材の組み合わせにも気を配ることが大切です。掛け軸の正面をふさがないように、床の間の下座、3分の1のところに置きます。

●座布団

　畳の室内では座布団は必需品です。これには表と裏があります。表には座布団の中央の綴じの部分に糸で房がついているのでわかります。また、前後の別もあります。座布団の側面で一辺が「わ」になっている、つまり縫い目のないほうが前に当たり、座る人の膝側にきます。

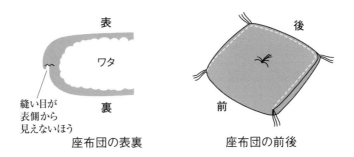

座布団の表裏　　　　　　座布団の前後

●上座と下座

　和室には上座と下座があります。上座へいくほど身分の高い人、下座はその逆です。入口から遠いほうが上座で、これは洋室でも和室でも同じです。西洋のプロトコール（国際儀礼）では、右を上位とするため、部屋の右奥を上座とする風潮がありますが、本来日本では左手が上座で、これは中国の考え方からきています。床の間のある和室では、床の間に最も近い席がその部屋の上座になります。

和室での立ち居振る舞い

　旅館ホテルに到着した時、和装姿の仲居に深々とお辞儀をされて迎えられると、お客様は大変気分が良いものです。普段、味わえない濃厚なひと時に一歩足を踏み入れたと感じる瞬間です。旅館ホテルは特別な日常をお客様に楽しんでいただく場所です。満喫していただくためにも、仲居の立ち居振る舞いは重要で、仲居はその一端を担っていることを常に自覚しましょう。

●基本の姿勢

　背筋をまっすぐ伸ばすことが何よりもポイントです。コツは頭のてっぺんから吊り下げられているようなイメージを持つことです。身体の重心はぐらぐら・ふらふらしないように、中央に置きます。視線は３ｍほど先の床を目安に。首を傾けない、あごを引くのが基本です。肩や胸には力を入れず、おなかにやや力を込めて上半身を支えます。手は指先を揃えて自然に。指を反らしたり開いたりしないこと。足元は、男性はかかとを揃え、つま先を15〜20cm程開くようにします。女性はつま先を揃えておきます。

●和装で歩く・和室内を歩く

　和装で歩く場合、歩幅を狭くして、膝から下をやや内股にします。スリッパや草履を履いている時は、つっかけたり、ひっかけたりしないように、奥までしっかり履き、バタバタさせないように注意します。

　特に気をつけたいのは、次の点です。

　・敷居、畳の縁（へり）や継ぎ目を踏まない。

　・室内の上座、下座を見極め、入室する時は下座の足（床の間か

ら遠い方）から、退室する時も下座の足で敷居をまたぐ。

・つま先からすっすっと歩く。歩幅は大股ですたすた歩かず、畳
　の縁の長さを5～6歩で歩く（小笠原流礼法）。

・足を引きずらない。

・外股にならない。

●座る・立ち上がる

　畳に座る時の所作は次の通りです。

・背筋を伸ばし、両膝を折り、垂直に身体を沈めます。猫背にな
　ったり、手をついたりしないように注意しましょう。膝が床に
　つき、腰を落として、かかとの上にお尻がのった状態にします。

・次に、あごを引き、背筋を伸ばしたまま正座に入ります。しび
　れずに座り続けるには、体重を左右の足に均等にのせることが
　ポイントです。両膝を合わせ、足の親指同士を重ねます。姿勢
　が整ったら衣服の裾などの乱れを直しましょう。

　立ち上がる時は、この逆をたどります。背筋を伸ばし、腰を浮か
せてつま先を立てます。次に垂直に立ち上がります。この時、背筋
が丸くなったり、腰を折らないように注意します。しびれが切れて
いたら慌てずに、少しほぐれるまでそのままの姿勢で待ちましょう。
転びそうなほど不安定な場合には無理をせず、畳に手をついていて
もマナーには反しません。

●跪座（きざ）

　立った状態から正座する時の、あるいは正座から立ち上がる時の
途中の姿勢をいいます。床に膝をつけたまま両足のかかとを立て、
お尻がそれにのった姿勢が跪座です。

　姿勢を美しく整えるポイントは、かかとを開かないようにすること、
背筋をぴんと伸ばし、上体がきれいに見えるようにすることです。

立ったり座ったりする途中で入る姿勢なので、料理を出したり器を下げたりすることの多い仲居にとっては、安定した動作ができるのも跪座の良いところです。

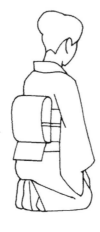

跪座の姿勢

お辞儀の基礎

旅館ホテルでは仲居は日に何度もお辞儀をする場面があります。その時の所作が美しいと、それだけでお客様は心地良いものです。挨拶の基本動作であるお辞儀を、ここできちんと覚えましょう。

●立礼の場合

立った姿勢でのお辞儀を立礼と言います。頭を下げる時の角度によって種類があります。

　・会釈－上体を傾ける。角度は15度。一般的なお辞儀。

　・敬礼－上体を傾ける。角度は30度。お客様の送迎時のお辞儀。

　・最敬礼－上体を傾け、角度は45度。特別な敬意を表すお辞儀。

　お辞儀をする時の基本は「気をつけ」ですが、傾けた身体を元の「気をつけ」の位置まで戻して、初めてお辞儀は完了します。上体を傾けてから起こすまでは一呼吸おくこと。傾けている間、上目遣いで相手を見たり、あごを上げたりしないこと。最初に相手の目を見て、最後に再び相手の目を見ると、丁寧な印象になります。

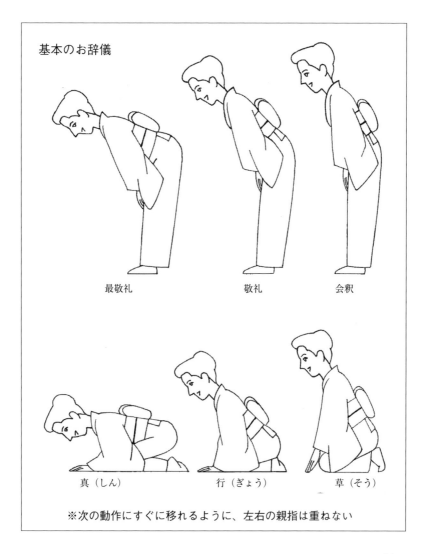

基本のお辞儀

最敬礼　　　　　敬礼　　　　　会釈

真（しん）　　　行（ぎょう）　　　草（そう）

※次の動作にすぐに移れるように、左右の親指は重ねない

●座礼の場合

　和室などで、正座した状態でのお辞儀を座礼と言います。正座をして、背筋を伸ばしたまま身体を傾けます。両手は自然に膝の脇を通って膝前の畳に。指先をきちんと揃えるときれいです。

・軽いお辞儀：指先が軽く畳につく程度にし、背筋を伸ばして、軽く身体を傾けます。茶道では草の礼、小笠原流の礼法では指建礼と呼びます。

・一般的な座礼：手指の第二関節ぐらいまでを畳につけ、草の礼よりもやや深く身体を傾けます。一呼吸おいて、元に戻ります。茶道では行の礼、小笠原流では拓手礼と呼びます。

・深いお辞儀：立礼でいう最敬礼にあたります。手の平を全部、畳につけます。深いお辞儀をしたら、三つ数えてゆっくりと身体を起こします。茶道では真の礼、小笠原流では双手礼と呼びます。

●襖の開け・閉め

　旅館ホテルでは仲居による襖の開け・閉めは多くの場面であります。正しく行うと、見た目にも美しいものです。入室・退室、いずれの場合も、座って行うのが正式です。

三手（3段階）で開ける

・襖の前、敷居から手の平一つ分下がった位置に座り、引き手に近いほうの手を引き手にかけ、5cm程開けます。

・その手を、床から15cm程の高さの枠に当て、身体の正面まで引きます。

・反対の手で、身体が十分通るまで静かに開けます。

・入室する前に、必ず一礼します。

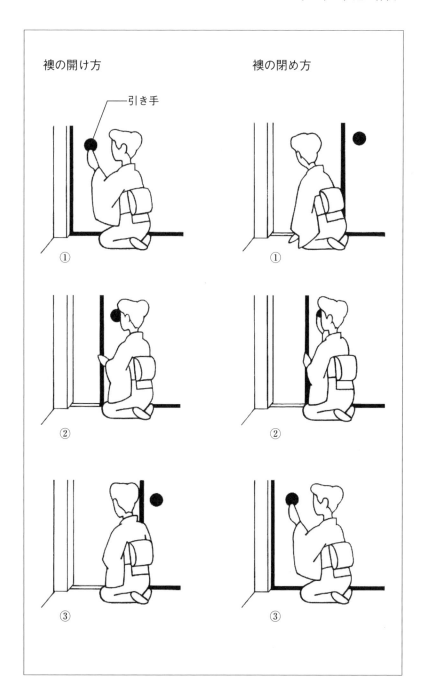

三手で閉じる

開ける時とは逆の手順をたどります。

- ・襖に近いほうの手で、襖の枠を床から15cmのところを逆手で持ち、身体の正面あたりまで引きます。
- ・反対の手に換えて、柱から5cm程のところまで引きます。
- ・その手を引き手へ移し、最後まで閉めます。この時、大きな音をたてないように静かに行いましょう。
- ・退出時に襖を閉める時は、室内に向かって正座をし、一礼します。

和装の着付け・着こなし

現代は、普段の生活では着物を着る機会は多くありませんが、旅館ホテルは違います。和装が日常です。お客様を常に心地良く迎え、楽しいひと時を過ごしていただくためにも、出迎える仲居は好感がもたれる身支度を整えておくことが大切です。きちんとした着こなしを常に心がけましょう。

●着付ける上での注意点

襟（衿）を抜き過ぎない

襟は抜き過ぎても詰め過ぎてもいけません。美しさに欠けます。

動きやすく

仲居は立ったり座ったりの動作が多いですから、その間に裾がはだけたりしがちです。また、手を伸ばしたりするうちに襟元や帯が着崩れすることもあります。どちらも見苦しいので気をつけましょう。

清潔を第一に

足袋が汚れているのは、見ていて良いものではありません。半襟も同じです。常に清潔であることを心がけましょう。

上品な着付けを

まず、全体にしわやたるみがないように着付けることです。折り曲げたり、巻き込んだりする時に、たるみ、ゆるみがあるとだらしない印象になります。動いた時の着崩れの原因にもなります。

また、全体のバランスも大事です。裾丈が短くなり過ぎない、おはしょりが出過ぎないことです。帯（お太鼓）の大きさなども、各人の身体に合わせてバランスをとる必要があります。他の仲居に見てもらいながら研究しましょう。

着物の各部の名称

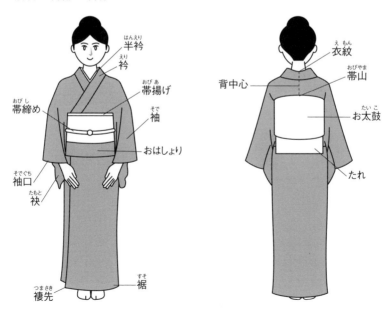

●着崩れた時の対処

　着物を着て忙しく立ち働きをしていたら、着崩れも起こります。そういう時は慌てず落ち着いて対処できるようにしておきましょう。

帯が着崩れた

　お太鼓が緩んで崩れてしまうことはままあります。しかし、しっかりと結ばれた帯は帯枕で押さえられているので、そのまま結び目がほどけてしまうことはありません。帯締めを解き、お太鼓を整え直すだけでまず元に戻ります。

着丈が足りずおはしょりが出ない

　背の高い人によく見られます。極端に短い場合は仕方がありませんが、腰ひもの位置をやや低くすることで、おはしょりを出すことができます。

裾がまとわりつく

　着付ける時に下前部分を身体に巻き込み過ぎていると、裾さばきが悪くなります。腰ひもから下の下前部分を三角に折り返しておくと、歩きやすくなります。

抜いたはずの襟が詰まってしまう

　襦袢(じゅばん)の裾を下に引っ張って襟を抜き直します。その際、着物や襦袢の背側がだぶつくことがあるので、おはしょりを下に引っ張って、再び詰まってしまわないように整えます。

♨コラム④

【温泉のマナー】

　一般に、温泉は他人同士が裸で湯船を共にします。互いに気持ち良く温泉を楽しむためにもマナーを守りましょう。特に外国人は日本の温泉に慣れないので、マナー違反をしがちです。例えば、外国では人と並んでシャワーを使うことはありませんから、周囲まで配慮がいきとどきません。湯や水が隣りの人にかからないようにすることや、使用した腰かけや洗面器は元の場所にきちんと戻すことを、教えて差し上げましょう。

　また、日本の温泉では着ている物は脱衣所で脱ぎます。日本人にとっては当たり前のことですが、外国人にとってはこれも戸惑うことです。また、携帯電話やカメラの使用はトラブルのもとになるので持ち込みには注意が必要です。

　日本人でもよく見かけますが、一番冒しがちなのが、いきなり湯船に入ることです。大勢の人が利用する温泉です。湯船を清潔に保つためにも、まず洗い場で身体を流し、汚れを落とします。そのあと湯船に入ります。この時もいきなりではなく、ゆっくりと身体をつけていきます。湯船につかったら、静かに温泉を楽しみます。泳いだり、湯をかけ合ったりしてはいけません。静かに浸ることで温泉の薬効がじわっと身体に効いてきます。あがったらタオルで身体を拭きます。床にしずくが垂れないように気をつけます。
　温泉は多くの人が利用する場所です。次の人が気持ち良く使えるように心がけるのもマナーと心得ましょう。

第5章
日本の酒と茶の基礎知識

日本の酒を知る

［協力：日本酒造組合中央会］

　近年、日本酒の人気が高まっています。海外でも、パリ、ロンドン、ニューヨークなどでは、一流レストランだけでなく人気のクラブでも、日本酒を提供する店が増えています。これまでの、日本料理にだけ合うお酒から、いろいろな国の料理、いろいろな人の嗜好にもマッチするお酒として、日本酒は世界中に新たなファンを獲得しています。

　日本にみえるお客様も、せっかく来日したのだからと、日本酒をリクエストされる方が大勢います。せっかくの機会ですから、ぜひ召し上がっていただきたいと思います。ただ、残念なことに、肝心の日本人が日本酒のことをよく知りません。旅館ホテルでは、外国のお客様にいろいろ質問されたりするでしょうから、そのような時にきちんと答えられるようにしておきましょう。

　また、近年は人手不足の影響から、旅館ホテルで外国人を雇うところも珍しくなくなっています。確かに、外国人にとっては日本酒は馴染みがないでしょうが、おいしいものをお客様に勧めるのは仲居の務めです。日本酒の違いを知り、また、近くの蔵元で教えていただくなどして、積極的に学んでいただきたいものです。

日本酒の種類

　日本酒はワインやビールと同じ醸造酒です。米、米麹、水を原料として発酵させ、濾して造られます。その発酵過程は酒ごとに異なり、日本酒は「平行複発酵」という高度な製法を用いていることに

特徴があります。日本酒には次のような種類があります。

特定名称酒

種　　類	原　　料	精米歩合
純米大吟醸酒	米・米麹	50％以下
純米吟醸酒	米・米麹	60％以下
特別純米酒	米・米麹	60％以下
純　米　酒	米・米麹	規定なし
大吟醸酒	米・米麹・醸造アルコール	50％以下
吟　醸　酒	米・米麹・醸造アルコール	60％以下
特別本醸造酒	米・米麹・醸造アルコール	60％以下
本醸造酒	米・米麹・醸造アルコール	70％以下

　上記の特定名称酒以外の日本酒は普通酒と呼ばれます。精米歩合70％以上の米や、特定名称酒以外の原料を用いたり、醸造アルコール量が10％を超えるなどしたもので造られます。

　＊精米歩合＝精米（玄米から表層部を削る）して残った米の割合を％で表したもの。数値が低いほど、精米の度合いが高くなる。精米の程度をどれくらいにするかが、酒の質を決めるポイントになる。

　＊醸造アルコール＝原材料を混ぜ合わせて仕込んだものを「もろみ」と言い、このもろみ造りの工程で加えられることがあるのが醸造アルコール。日本酒の香りを引き立て、味わいをすっきりさせる。

●**特　　徴**

簡単にそれぞれの特徴を見ておきましょう。

純米大吟醸酒…純米吟醸酒より、さらに華やかな吟醸香を楽しめます。

純米吟醸酒……芳醇な味わいと華やかな香りが特徴です。

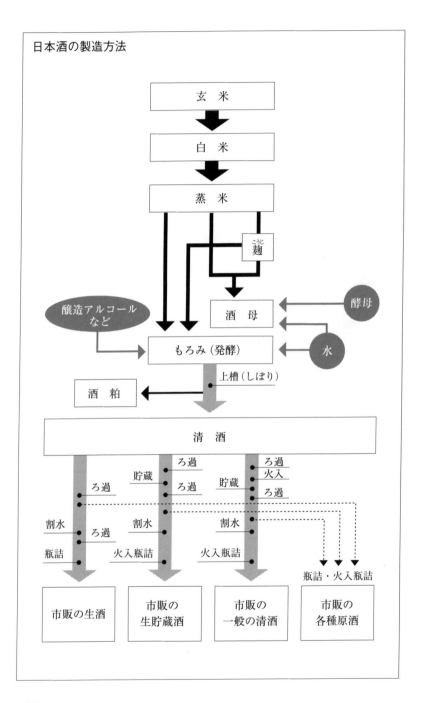

日本酒の製造方法

玄　米

白　米

蒸　米

麹（こうじ）

酒　母

酵母

水

醸造アルコール
など

もろみ（発酵）

上槽（しぼり）

酒　粕

清　酒

ろ過

貯蔵

ろ過

ろ過

貯蔵

ろ過
火入
ろ過

割水

割水

割水

ろ過

瓶詰

火入瓶詰

火入瓶詰

瓶詰・火入瓶詰

市販の生酒

市販の
生貯蔵酒

市販の
一般の清酒

市販の
各種原酒

特別純米酒……香りや色沢が特に良好で特別な製法で造られたお
　　　　　　　酒で、容器に製法表示が義務付けられています。

純米酒…………香味や色沢が良好です。

大吟醸酒………吟醸酒より香りが高く、繊細な味わいになります。

吟醸酒…………低温でゆっくり発酵させる吟醸造りという手法で
　　　　　　　製造されます。吟醸香と呼ばれるフルーティな香
　　　　　　　りが素晴らしく、味も繊細です。

特別本醸造酒…丹念に磨き上げたことによる、すっきりとしたキ
　　　　　　　レの良い飲み口が特徴です。容器に製法の表示が
　　　　　　　義務付けられています。

本醸造酒………香りは控えめでスッキリとした辛口のお酒が多い
　　　　　　　です。

●米

　酒造りには、酒造専用の品種が使われます。それが「酒造好適
米」です。現在、国内では100種類以上の酒造好適米品種が栽培さ
れています。なかでも「山田錦」「五百万石」「美山錦」「雄町」な
どが知られます。

　酒造好適米が食用米と違うところは、

　・食用米より粒が大きい。

　・米粒の中心部に、白く不透明な部分の「心白」がある。

　・吸水が早い。

などが挙げられます。

●水

　米と同様、水も酒造りには欠かせません。「酒どころ」と呼ばれ
る日本酒の名産地は、良質な米と共に良質な水が豊富です。

　日本酒の成分のうち80％は水です。製品に含まれるだけでなく、

米を洗ったり、浸したり、蒸したりなどの、あらゆる工程で水が使われます。日本酒の仕上がりを左右するのが水です。

酒造りに適した水とは？　それは水の硬度が関係しています。硬度とは水に含まれているカルシウムやマグネシウムなどの成分量を表したもので、それによって水の味わいが違ってきます。一般に硬度が高いのを硬水、低いのを軟水と呼びます。硬度が高い水は酵母の栄養源となるミネラル分が多く含まれるため、酒造りに適しています。しかし、軟水は向かないかというとそうではなく、なめらかで香りの高い吟醸酒を造ることもできます。

最も高い硬度の水が使われると、辛口で味わいのあるタイプの日本酒に、それより少し低いと、口当たりの良い柔らかな味わいの日本酒ができます。さらに硬度の低い水では、淡麗な味わいのある日本酒となります。

●麹

アルコール発酵は酵母という微生物の働きで起こります。酵母が糖分をアルコールに変え、炭酸ガスを発生させます。日本酒の場合、米の中にでんぷんはあっても糖分はありません。そこで麹の働きが重要になります。麹が蒸した米の中のでんぷんを糖に変え、その糖がアルコールになるのです。

●特徴による種類

日本酒には製造される時期や製造過程の違いなどによって、さまざまな名称がつけられています。それだけいろいろな日本酒を楽しめます。

・新酒

一般には、醸造年度内（7月～翌年6月）に造られた物で、年度内に出荷され、12月から翌年2月に出回る日本酒を指します。

日本酒ラベルの読み方

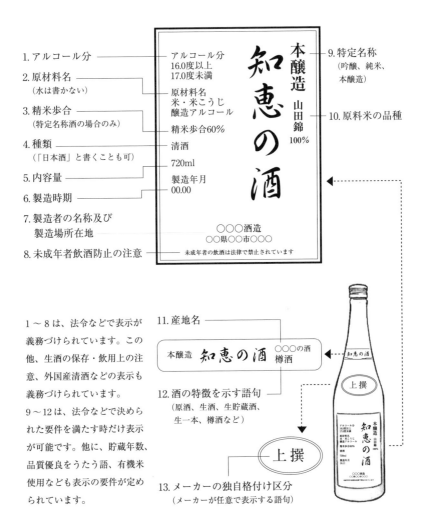

1. アルコール分 ── アルコール分 16.0度以上 17.0度未満
2. 原材料名（水は書かない） ── 原材料名 米・米こうじ 醸造アルコール
3. 精米歩合（特定名称酒の場合のみ） ── 精米歩合60%
4. 種類（「日本酒」と書くことも可） ── 清酒
5. 内容量 ── 720ml
6. 製造時期 ── 製造年月 00.00
7. 製造者の名称及び 製造場所在地 ── ○○○酒造 ○○県○○市○○○
8. 未成年者飲酒防止の注意 ── 未成年者の飲酒は法律で禁止されています

本醸造　山田錦　100%　知恵の酒

9. 特定名称（吟醸、純米、本醸造）
10. 原料米の品種

1～8は、法令などで表示が義務づけられています。この他、生酒の保存・飲用上の注意、外国産清酒などの表示も義務づけられています。
9～12は、法令などで決められた要件を満たす時だけ表示が可能です。他に、貯蔵年数、品質優良をうたう語、有機米使用なども表示の要件が定められています。

11. 産地名 ── ○○○の酒 樽酒　本醸造 知恵の酒
12. 酒の特徴を示す語句（原酒、生酒、生貯蔵酒、生一本、樽酒など）
13. メーカーの独自格付け区分（メーカーが任意で表示する語句）── 上撰

※ラベルは瓶の裏にも貼られていることがあり、これを裏ラベルと言います。ここではその製品の特徴を知る上で役立つ情報を記載。原料米や使用酵母、日本酒度や甘辛口の度合、適した飲み方などが明示されています。

独立行政法人酒類総合研究所 編「日本酒ラベルの用語事典」を参照

・古酒

　前年、もしくはそれ以前に造られた日本酒をこう呼びます。長く貯蔵することで熟成が進み、まろやかで熟成した香りがします。

・生酒

　火入れ（加熱処理）をまったく行わずに瓶詰にされた日本酒です。新鮮な香りと味わいが魅力です。「純米生」「吟醸生」などいろいろなタイプがあります。

・生詰酒 <small>（なまづめ）</small>

　通常、貯蔵前と瓶詰時と2度の火入れをしますが、貯蔵前の火入れのみで、2度目の火入れをしない日本酒です。

・生貯蔵酒

　生酒の状態で、低温で貯蔵して熟成。出荷時に初めて火入れをする日本酒です。

・原酒

　発酵させてから搾ったお酒に、水を加えずに出荷した物。通常の日本酒のアルコール分は15〜17％ですが、これは18〜20％あり、濃厚な風味が味わえます。

・樽酒

　杉樽に貯蔵された日本酒。杉の香りが移り、独特の風合いを楽しめます。縁起物として鏡開きなどで利用されます。

・甘酒

　甘酒には2種類あります。米麹で造られるのはノンアルコールですが、酒粕で造られるのはアルコール分が含まれます。

・白酒

　蒸したもち米にみりんや米麹、焼酎を混ぜて造る物。1か月程熟成させ、米ごとすりつぶすため白く仕上がります。アルコール度数は10％前後。

- 寒造り

酒造りに最も適した11月頃～翌２月頃の寒期に造られること
から呼ばれます。

- 生一本

一つの製造場で造られる純米酒にだけ許される表示です。

●飲み方による種類

冷やして良し、燗をして良し、それが日本酒です。温度によって
味や香りが微妙に変化するため、どちらも楽しめます。冷酒の良さ、
お燗の良さをそれぞれ知っておきましょう。

■冷酒

吟醸酒や大吟醸酒のような、華やかな香りの日本酒に適した飲み
方です。温度によって呼ばれ方も違います。いかにも日本的な呼び
名がついています。

- 雪冷え

ほぼ5℃。酒瓶を冷やし、その表面に結露が生じている状態。
香りはあまり立たず、冷たい口当たりで、味わいの繊細さがわか
りにくいことがあります。

- 花冷え

ほぼ10℃。酒瓶を冷蔵庫で冷やし、瓶から冷たさが伝わる程度。
注いだ直後は弱く感じる香りが、飲むうちに徐々に広がり、細
やかな味わいを楽しめます。

- 涼冷え

ほぼ15℃。酒瓶を冷蔵庫から出してしばらく経った状態。飲
んだ時にはっきりとした冷たさを感じます。香りの華やかさ、味
わいにとろみを感じます。

・常温

ほぼ20℃。徳利や銚子などを手にした時、ほんのりと冷たさが伝わる感じです。香りや味わいが柔らかな印象です。

■燗_{かん}

燗とは、日本酒を徳利やチロリ（酒を温めるための金属製の器）などに入れて温めることを言います。純米酒、本醸造酒、普通酒に適しています。温め方は、酒器ごと湯せんにするのが一般的です。

・日向燗_{ひなた}

ほぼ30℃。飲んだ時、熱さや冷たさを感じないような温度です。酒の香りが引き立ち、なめらかな味わいになります。

・人肌燗

ほぼ35℃。飲んだ時にぬるいと感じる温度。米や麹の良い香りが楽しめ、さらりとした味わいになります。

・ぬる燗

ほぼ40℃。飲んだ時に熱いというより、温かいと感じる、体温と同じくらいの印象です。酒の香りが最も豊かになり、味わいにふくらみを感じます。

・上燗_{じょうかん}

ほぼ45℃。徳利や猪口を持つとやや熱さを感じます。酒を注ぐと湯気が立ちます。酒の香りが引き締まり、味わいに柔らかさと引き締まりが感じられます。

・熱燗

ほぼ50℃。徳利から湯気が立ち、徳利や猪口を持つと熱く感じます。酒の香りがシャープになり、切れ味の良い辛口になります。

・飛びきり燗

55℃以上。徳利や猪口を持てないほどではないですが、持った

直後にかなり熱く感じます。酒の香りが強く、辛口になります。

日本酒の味と香り

日本酒は他のお酒と異なる独特の味と香りを持っています。

●香り

　吟醸香とよく言われますが、これは、リンゴやバナナやメロンのようなフルーティな香りを指します。また、熟成させた日本酒は芳醇な香りがし、干した果物やスパイスなどに例えて表現されます。

●味

　日本酒には甘い・辛い・濃い・淡いの違いがあります。また、多少のコクの違いもあります。甘辛、濃淡、コクは、アルコール分や糖分、酸味、アミノ酸の度合いで違ってきます。

●色

　日本酒は無色透明に見えますが、原酒には多少の色がついています。仕上がりの色や透明度は製造工程の違いから生まれます。一般的に、もろみを濾す作業の上槽が控えめな酒は透明度が低くなり、また貯蔵期間が長いと色が濃くなります。

日本酒と器

●酒器の種類

　日本酒には他のお酒とは異なる独特の酒器が用いられます。

味 と 香 り で 分 か れ る 4 タ イ プ

フルーティな タイプ

〜〜〜〜 香 り 〜〜〜〜

華やかで透明感を感じさせる、
果物や花の香りが特徴。

〜〜〜〜 味わい 〜〜〜〜

甘さと丸みが程よく、爽快な
酸との調和がとれている。

熟 成 タイプ

〜〜〜〜 香 り 〜〜〜〜

スパイスやドライフルーツのような、
力強く複雑な香りが特徴。

〜〜〜〜 味わい 〜〜〜〜

トロリとした甘みと、熟成で
マイルドになった酸が調和する。

複雑
華やか
香り高い

軽やか
若々しい味
シンプル

旨味
濃醇な味
複雑

軽快でなめらかな タイプ

〜〜〜〜 香 り 〜〜〜〜

穏やかで控えめな香りが
特徴。

〜〜〜〜 味わい 〜〜〜〜

清涼感を感じさせる味わいで、
口当たりがさらりとしている。

コクのある タイプ

〜〜〜〜 香 り 〜〜〜〜

樹木の香りや、乳製品のような
旨味を感じさせる香りが特徴。

〜〜〜〜 味わい 〜〜〜〜

甘み、酸味、心地良い苦味と、
ふくよかな味わいが特徴。

シンプル・おだやか
香り控えめ
軽やか

飲んだ酒の名前や味の
感想などをメモしておけば、
オリジナルの日本酒バイブルも
作れます。

徳利、お銚子

　日本酒を入れる代表的な酒器と言えば徳利とお銚子です。これらを同じ物と思っている人も多いようですが、本来は違います。徳利は普段よく目にする物で、口が細く下部が広い瓢箪型をしています。

　一方、お銚子は長い柄と細い注ぎ口の付いた、急須型をしています。結婚式の三々九度やお正月などに使われます。お店の人がよく、「お銚子一本！」と言ったりしますが、それは本来のお銚子ではなく徳利を指します。

<ruby>猪口<rt>ちょこ</rt></ruby>、<ruby>盃<rt>さかずき</rt></ruby>、ぐい呑み

　どれも同じように思えますが、違いがあります。

●猪口

　陶製の小さな酒器。口が広くなって底がすぼまった形をしています。猪口と徳利はセットになって出されることが多いようです。

●盃

　日本酒の酒器の一つで皿状の形をしています。皿部分の下には高台という小さな円筒がついています。一般の宴会などではなく、神事や結婚式、祭事などで使われます。

●ぐい呑み

　猪口と似ていますが、猪口よりも一回り大きいのがぐい呑みです。ぐっと飲むことからこの名がつけられた、という説も。その名の通り、ぐいぐい飲む時に向いています。ぐい呑みには徳利は使わず、そのまま飲むのが普通です。

●酒器で変わる味わい

　酒器だけでなく器全般に言えますが、その土地で作られた器をその土地の食材でできた料理と合わせると、いっそうおいしく感じられます。同じ水、同じ土が微妙に作用し合って、味わいを高めるようです。

　さて、日本酒を飲む時ですが、酒器にもこだわると、味わいも違ってきます。

■「口径（口の広さ）」で選ぶ

　酒器の口の広さは香りに影響を与えます。それは酒器に注がれたお酒の表面積によって、香りの立ち方が違ってくるからです。口径が広いと、ふわっと広がる香りがします。反対に狭いと、香りが広がりにくいため、それがストレートに感じられます。純米吟醸酒を冷やして飲む時は、小さめで口の広い酒器が合っています。

■「形」で選ぶ

　酒器にはいろいろな形があります。自分の好みの物を自由に選ぶのもいいですが、形による変化を知っておけば日本酒をもっと楽しめます。

- 酒器でも、口が狭く、下に向かって広がっているような壺の形をした物は、日本酒のどっしりとした芳醇なうまみをより感じさせてくれます。
- 口がラッパ型に広がった縦長の酒器は香りが広がりやすいので、日本酒の持つ爽やかさを引き立ててくれます。
- ふくよかなうまみのある純米酒には、丸くて重量感のある酒器が合います。

■材質で選ぶ

酒器と一口に言っても、材質によっていろいろな物があります。

ガラス製

透明感のあるガラス製の酒器はなんと言っても見た目が涼し気です。夏の時季、いっそう喉越し良く味わえます。シャープな切れ味の大吟醸酒には薄いガラス製の酒器がぴったりです。最近は、ワイングラスで日本酒を飲む人も増えています。

陶器

日本酒の味を柔らかくしてくれるのが陶器でできた酒器です。最も多く使われています。厚みのある分、特にコクのある日本酒に適しています。

錫製

錫製の酒器で日本酒を飲む人も多く、お勧めです。錫は、安定した金属素材で、錆びにくく色の変化も少ないという特徴を備えています。日本酒の雑味を分解するため、味を丸く、甘くすると言われ、通の間で根強く支持されています。

●和らぎ水

お酒は最後までおいしく飲みたいものです。ひどく酔ってしまっては、お酒はもとより、酒席も楽しむことができません。それには水をそばに置き、日本酒を飲む合間に一口飲むことです。これを「和らぎ水」といいます。

日本酒の合間に水を飲むと、料理やお酒の味を鮮明にしてくれます。また、お酒と水を交互に飲むことによって飲み過ぎを防ぐことができます。

焼酎

　焼酎も大変人気のある飲み物です。

　日本酒が醸造酒に対し、焼酎は蒸留酒です。醸造酒は、発酵が完了してからお酒を搾り出す、またはろ過してから製品になりますが、蒸留酒は発酵したもろみを加熱し、アルコール分や味や香りを蒸発させ、その蒸気を再び冷却することで凝縮した液体が集められ製品となります。そのため、醸造酒に比べて蒸留酒のほうがアルコール分も味も香りも濃厚な傾向にあります。焼酎と同じ蒸留酒には、ウィスキー、ブランデー、ジン、ウォッカ、ラム、テキーラなどがあります。

●焼酎にも２種類

　焼酎と一口に言っても、製法の違いによって２種類あります。単式蒸留焼酎または焼酎乙類と、連続式蒸留焼酎または焼酎甲類です。他に、両方をブレンドした混和焼酎もあります。

単式蒸留焼酎または焼酎乙類

　本格焼酎・泡盛が該当します。単式蒸留とは蒸留を１回しか行わない製法のことで、これにより米、麦、芋などの原材料の持つ香りや味を活かした酒を造ることができます。発酵が完了したもろみを加熱し、蒸発した成分を冷却、凝縮して集める方式です。ストレートで味わうほか、お湯割りや水割りなどの楽しみ方が適しています。

連続式蒸留焼酎または焼酎甲類

　連続的に蒸留を繰り返す連続式蒸留機で造られる焼酎を言います。原料の風味を残さずに、効率的に高アルコール度数の酒を造

るのに用いられます。そのため本格焼酎のような素材本来の味や香りはありません。こうしてできた焼酎はホワイトリカーと呼ばれ、梅酒やフルーツ酒を造る時に使用されます。果汁やソーダ、ジュース類で割って飲む「酎ハイ」などの楽しみ方があります。

混和焼酎

先の2種類を混ぜて造られるのが混和焼酎です。混和する比率により、単式・連続式蒸留混和焼酎と連続式・単式蒸留混和焼酎があり、混和比率が表示されます。

●本格焼酎・泡盛

単式蒸留機によって造られるために原料それぞれの風味が生かされ、自然のうまさを味わえます。

・米焼酎 − 米ならではの香りと風味、まろやかな味わいが特徴。
・麦焼酎 − 麦特有の香ばしさと甘みがあり、淡麗で風味も爽やか。
・芋焼酎 − サツマイモ特有の甘みとふくよかな香りが特徴。
・蕎麦焼酎 − ソバの香りとコク、さっぱりとした飲み心地が魅力。
・黒糖焼酎 − サトウキビによる上品な甘みと軽い口当たりが特徴。
・泡盛 − タイ米を原料に、独特の風味と深いコク、香りが魅力。

お湯割りには本格焼酎6に対しお湯を4にする"ロクヨン"がお勧めです。焼酎はお湯よりも比重が重いので、グラスにはお湯を先に、そのあと本格焼酎を注ぎます。グラスの中で対流が起こり、自然に混ざるため、芳醇な香りと味が湯気と共に一段と引き立ちます。

また、本格焼酎をベースにオレンジジュースやママレード、炭酸、梅酒、カシスなどを加えた"カクテル"も一味違った焼酎を味わえるのでお勧めです。

お酒のマナー

　酒席の場こそ、マナーを守りたいものです。お酒を飲む際のマナー違反の行為を次に挙げてみました。

- ・覗き徳利－徳利の中を覗き、酒が残っていないかどうかを見る。
- ・併せ徳利－余った酒を少しずつ集め、１本の徳利にまとめる。
- ・杯いっぱいに酒を注ぐ－相手には迷惑になるだけ。
- ・振り徳利－徳利を振って中身が残っているかどうか確認する。
- ・卓上の杯に勝手に注ぐ－注ぐ時は相手に聞いてからがマナー。
- ・アルコールハラスメント－無理強いや一気飲みを強要する。

　日本の法律では、飲酒は20歳を過ぎなければ認められません。お酒は人を酔わせます。強い人もいれば弱い人もいて個人差はありますが、酔うと気持ち良くなるのが常です。しかし度を過ぎるとトラブルを招いたり、判断力が低下して事故につながったりもします。
　旅館ホテルはお酒を提供する場所でもあるので、飲酒によるトラブルを起こさないためにも、飲酒に対する姿勢を常に明確にしておくことが大切です。

●旅館ホテル側の心得

　20歳以下の人と、運転する人にはお酒を飲ませないことです。
　宴席に20歳以下の人がいたとしても、けっしてお酒を勧めてはいけません。仮に飲みたがっても、またその場の雰囲気で飲ませる流れになったとしても、旅館ホテル側は許してはいけません。
　また、飲酒運転は法律違反です。お酒が判断力を鈍らせ、運動能力、反射能力を低下させることはよく知られます。「見つからなけ

ればいい」「捕まらなければいい」などは、もっての外です。

　法律の改正により、飲酒運転に関しては運転する本人はもちろん、その人にお酒を売ったり、勧めた人も処罰の対象となります。車やオートバイで来た人にはお酒を勧めないこと。自転車であっても飲酒運転は適用されます。

　万が一、お酒を飲んでしまった場合は、タクシーか運転代行などのサービスを利用して、けっして運転をしない・させないことを徹底しましょう。

日本茶を知る

［協力：日本茶インストラクター協会］

　旅館ホテルにとって日本茶は欠かせない飲み物です。宿泊のお客様が到着してお部屋に入られると、お客様が最初に口にされるのが日本茶です。また、食事時に旅館ホテルが提供するのも日本茶です。

　日本茶は日本人にとっては、毎日当たり前のように飲まれている飲料ですが、外国人のお客様にとっては初めて目にする、口にする飲み物です。

　なにごともそうですが、最初の印象はあとあとまで影響します。旅館ホテルで出される日本茶がびっくりするほどおいしければ、「日本茶って、こんなに良いものなのか」と、認識を新たにするでしょうし、他の人にも勧めるでしょう。外国人だけではありません。日本人にとっても改めて日本茶を見直す機会になります。

　この素晴らしい日本茶をお客様に勧める上でも、日本茶について知っておくことは大切です。聞かれた時に十分答えられるようにしておきましょう。

日本茶の種類

　日本茶には栽培方法の違いによって、いろいろな種類があります。

●煎茶

　「お茶」と言えば、煎茶を指す場合が多く、一番多く飲まれているお茶です。新芽が出て摘み取るまでの間、日光に当てて栽培します。蒸して揉んで荒茶を製造する最も一般的な製法で作られます。

うまみと同時にほど良い渋みや苦み、爽やかな香り、すっきりとした味わいが特徴です。

●深蒸し煎茶

普通の煎茶の倍の時間をかけて茶葉を蒸して作るお茶です。粉っぽいですが、青臭みや渋みがないのが特徴です。お茶を淹れた際に茶葉そのものが多く含まれるため、水に溶けない有効成分も摂ることができます。

●玉露（ぎょくろ）

特殊な栽培方法によって作られるお茶です。煎茶が日光を遮らず作るのに対し、玉露は初期は70％前後、摘み取り時期は90％以上覆いをして日光を遮断します。これによって甘みとうまみ、コクのある味わい深いお茶が生まれます。遮光栽培独特の覆い香といわれる香りが特徴です。

●碾茶（てん）

栽培方法は玉露と同じです。煎茶や玉露が酸化酵素の働きを止めるために蒸し、揉みながら乾燥させるのに対し、碾茶は蒸した後、もまずに乾燥させます。また煎茶や玉露のように茶葉の形を針状にもしません。渋み成分のカテキンが少なく、うまみの濃いお茶です。

●抹茶（まっ）

碾茶を茶臼でひいて微粉末状にしたお茶です。主に茶会の席で用いられますが、自宅で楽しむ人も多くいます。

●番茶

収穫後、畑をならすために刈った茶葉や、伸びたり硬化の進んだ

茶葉を使って作られるお茶で、安価です。味はマイルドで、子供や
お年寄りにお勧めです。

●ほうじ茶

　煎茶、番茶、茎茶などを強火で炒って、香ばしさを引き出したお
茶です。葉は茶色をしています。すっきりとした軽い味わいが楽し
めます。

●玄米茶

　水に浸して蒸した米を炒ったところに番茶や煎茶などを加えて作
ります。炒り米の香ばしさと、番茶や煎茶のさっぱりとした味わい
の両方を楽しめます。

●摘む時期で異なる呼び名

　「夏も近づく八十八夜……」という歌は、新茶の茶摘みの光景を
うたったものですが、この歌にあるように立春から数えて88日目、
つまり5月初旬に、その年最初の茶葉の収穫期を迎えます（地域に
より4月〜5月）。そこで、次のような呼び名がついています。
　　1番茶 − 4月〜5月に出てきた茶葉が摘みとられ、製造されるお茶
　　2番茶 − 6月頃2回目として摘みとられ、製造されるお茶
　　3番茶 − 7月〜8月に3回目として摘みとられ、製造されるお茶
　　4番茶 − 9月〜10月にかけ4回目に摘みとられ、製造されるお茶

日本茶、ウーロン茶、紅茶の違い

　日本茶はウーロン茶や紅茶などと色も味も異なることから、まっ
たく別物と思われがちですが、実はこれらのお茶は元は同じです。

同じ原料の木からとれる葉が使われます。では、何が違うかと言えば製法です。発酵させるかどうか、途中で発酵をやめるかによって、これらのお茶に分かれます。

●**日本茶（緑茶）**

　不発酵茶の代表です。生葉を蒸して発酵を止め、揉みながら乾燥させて作ります。

●**ウーロン茶**

　半発酵茶です。茶葉を発酵させる途中で加熱して発酵を止めて作ります。

●**紅茶**

　発酵茶の代表です。文字通り十分に発酵させて作ります。

お茶をおいしく淹れる

　お茶をおいしく飲むには、そのための淹れ方があります。それによって驚くほど味が違ってきます。少し面倒に聞こえるかもしれませんが、そのちょっとしたことでおいしいお茶をお客様にお出しできるのですから、ぜひ、覚えておきましょう。

　煎茶の茶葉の量は、ティースプーン軽く１杯分が約２ｇですから、これを目安にしてください。一人分の時は心もち多めのほうがおいしくいただけます。

　また、複数の湯呑みに注ぐ時は、１杯ずつ淹れるのではなく、例えば３杯あるならば、１→２→３というように順番に少しずつ注ぎ、次は３→２→１と逆に注いでいきます。こうすることで、どの茶碗

も濃さや水色が均等になります。

　また、最後の一滴まで注ぎ切ることが大切です。お茶の専門店では、この最後のひとしずくを重要視し、急須を振り切ります。

●茶葉の種類

煎茶

　湯呑みに湯を注ぎ、上級煎茶で70℃、中級煎茶で80～90℃にさまします。湯ざましを使ってももちろんかまいません。急須には1人当たり2g程の茶葉を入れておきます。そこにさました湯を注ぎます。高級な物で1分半程、普段使いするような茶葉なら1分程でおいしくいただけます。

深蒸し煎茶

　湯呑みに湯を注ぎ、70～80℃くらいにさまします。一般の煎茶と違うのは、深蒸し煎茶は加工の段階で長時間蒸されるために茶葉が細かくなっていることです。そこで、浸出時間は短くします。30～40秒で色、味、香り共に適した状態になります。

玉露

　急須も湯呑みも玉露専用の小ぶりの物を使うのがベストです。まず、湯呑みに湯を入れ、50℃程にさまします。もちろん湯ざましを使ってもかまいません。急須には1人当たり約3gの茶葉を入れておきます。さました湯を急須に入れ、2分程かけてゆっくり抽出します。

抹茶

　茶道の作法にのっとって点てるのが正式ですが、点てたお茶を

お客様にお出しするだけであれば、適量の茶葉に適量のお湯をさし、茶筅を使えば、誰でも可能です。まず、茶碗に湯を入れ、温めておきます。その湯を捨てたあとに約2gの粉状の抹茶を入れます。そこに湯ざましで70℃程にさました湯を注ぎます。あとは茶筅を素早く動かして、かたまりができないようにしながら点てます。最後に底に「の」の字を描くようにして茶筅を引き上げます。

玄米茶・ほうじ茶・番茶

　煎茶より日常づかいの気軽なお茶です。大ぶりで厚めの急須や土瓶を使用します。茶葉は1人当たり3g。熱湯で淹れるところが他のお茶と違います。30秒程待って湯呑みに注ぎます。

冷茶

　急須に茶葉を多めに入れ、冷水を注いで5分程待ちます。お湯で淹れて氷に注ぐ方法もあります。夏の暑い時期にお勧めです。

●水との関係

　お茶と水とは切っても切れない関係にあります。

　水には硬水と軟水があり、ヨーロッパなどの水が硬水に対し、日本の水はミネラル分の少ない軟水です。水道水ももちろん軟水です。

　お茶をおいしくするコツは、水道水の場合、やかんの蓋を取って3〜4分、沸騰させ続けます。こうしてカルキ臭を飛ばします。

　また、地域によって水質に鉄分が多かったり、ミネラルウォーターも同様だったりします。この場合は、お茶に含まれるタンニンと鉄分が反応して水色（水の色）も味も悪くなります。

日本茶にもプロがいる

　古くから日本人に愛飲され、今また健康効果の面などから脚光を浴びている日本茶ですが、ワインにソムリエがいるように、日本茶にもその道のプロがいます。日本茶インストラクター協会が認定する日本茶インストラクターと日本茶アドバイザーがそれです。

●日本茶インストラクター＆日本茶アドバイザー

　近年、日本茶の世界も大きく変わりました。大きな要因がペットボトルの普及です。キャップを取るだけで気軽に飲める点などが幅広い年齢層に受けています。

　しかし、奥深い日本茶を味わおうと思ったら、どこか物足りないはずです。本当の味わいを体感することはむずかしいと言えます。

　そこで、消費者と茶葉生産者との橋渡しをする役目を担い、伝道者として、お茶の素晴らしさを広める日本茶インストラクターと日本茶アドバイザーが誕生したのです。

　日本茶インストラクターや日本茶アドバイザーの役割は、なんと言っても日本茶の良さを広め、啓発することにあります。日本人で日本茶を飲んだことのない人はいないでしょうし、もちろん知らない人もいないでしょう。しかし、あまりに身近にあって、なじみ深いばかりに、本来の素晴らしさに気づかないことがあります。日本茶の伝道師である彼らは、こうした人々に改めて日本茶の魅力を伝えています。

　具体的には、まずセミナーやカルチャースクールでのレクチャーです。日本茶のおいしい淹れ方を指導したり、日本茶ができるまで

のプロセスをわかりやすく説明したりします。また、ホームパーティを企画したり、日本茶カフェの開店にあたっての企画やプロデュース、専門知識のサポートなども行っています。

●現在の日本茶事情

　食文化の多様化が進む現代、日本茶をめぐる状況も変化し続けています。急須で淹れる日本茶がある一方で、ペットボトルのお茶も人気です。室内で淹れる日本茶だけでなく、日本茶は自動販売機でも売られています。

　そこで日本茶の未来を見据えて、新たな価値を見出し、多種多様なおいしさや香りを伝えるために創設されたのが「日本茶AWARD」です。

　これは2014年から連続開催されている審査会で、日本茶を飲む消費者や多分野のスペシャリストの視点から、出品された日本茶の個性や魅力を引き出すことを目的にしています。新しい審査法を取り入れて行われ、日本茶のある生活スタイルそのものを提案することで、その多様性と魅力を国内外に発信しようとしています。

　主催は、NPO法人日本茶インストラクター協会、日本茶AWARD実行委員、日本茶審査協議会です。専門審査委員による1次、2次審査の結果選ばれた上位茶の中から、消費者を交えての3次審査によって、日本茶大賞を決定します。

　生産・流通・消費者それぞれの視点を取り入れて日本茶の新たな個性を発掘しようとするこの試みは、回を重ねるごとに盛り上がりを見せています。

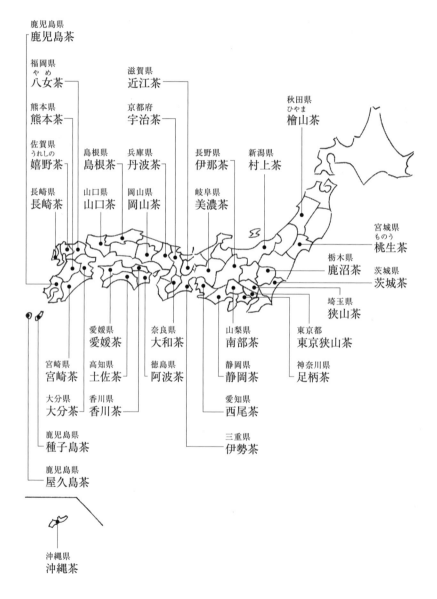

日本全国のお茶マップ
(注)旧産地及び小産地を含む

鹿児島県
鹿児島茶

福岡県
やめ
八女茶

滋賀県
近江茶

秋田県
ひやま
檜山茶

熊本県
熊本茶

京都府
宇治茶

佐賀県
うれしの
嬉野茶

島根県
島根茶

兵庫県
丹波茶

長野県
伊那茶

新潟県
村上茶

長崎県
長崎茶

山口県
山口茶

岡山県
岡山茶

岐阜県
美濃茶

宮城県
ものう
桃生茶

栃木県
鹿沼茶

茨城県
茨城茶

埼玉県
狭山茶

愛媛県
愛媛茶

奈良県
大和茶

山梨県
南部茶

東京都
東京狭山茶

宮崎県
宮崎茶

高知県
土佐茶

徳島県
阿波茶

静岡県
静岡茶

神奈川県
足柄茶

大分県
大分茶

香川県
香川茶

愛知県
西尾茶

鹿児島県
種子島茶

三重県
伊勢茶

鹿児島県
屋久島茶

沖縄県
沖縄茶

━━━ ♨コラム⑤ ━━━

【温泉の注意点】

　温泉では次の点に注意しましょう。

　食事の直前・直後、飲酒後の入浴は避けます。特に酔っぱらった状態での入浴は危険です。高齢者や身体の不自由な人の単独での入浴は避けたほうがいいでしょう。また、疲労時や、運動後30分程度はまず身体を休め、入浴はそのあとにします。脱水状態にならないように、事前にコップ1杯程度の水を補給しておきます。

　湯船に入る前は、必ず手足にかけ湯をして温度に慣らし、同時に、身体の汚れを洗い流します。湯を清潔に保つために、湯船にはタオルをつけないようにしましょう。

　入浴は1日当たり1〜2回、慣れてきたら2〜3回に。入浴時間は、入浴温度によって異なりますが、1回当たり、初めは3〜10分、慣れてきたら15〜20分程度まで延長してもいいでしょう。

　高齢者、高血圧症や心臓病の人、脳卒中を経験した人は43度以上の高温浴は避けたほうが無難です。また心肺機能の低下している人は、全身浴より半身浴または部分浴が望ましいです。

　入浴中は手足を軽く動かす程度にして静かに湯につかります。立ちくらみを起こさないために、湯船からはゆっくりと出ます。

　ケースにもよりますが、一般的には、入浴後は身体に付いた温泉成分を洗い流さず、タオルで拭き取ります。着衣の上、保温及び30分程度の安静を心がけます。脱水症状などを避けるために、入浴後、コップ1杯程度の水を補給します。

第6章
日本料理の基本とマナー

日本は四季折々の変化に富むだけでなく、海、山、川、平野など
のさまざまな地形にも恵まれています。そのためそこから採れる
（獲れる）食材は豊富で、それが長い歴史の中で、世界に類を見な
い素晴らしい日本料理を生み出し、また育んできました。

　どの国にも共通する基本的な味は、甘味、塩味、酸味、苦味です
が、日本料理はそこに「うまみ」という独特の味覚が加わります。
今や「ＵＭＡＭＩ」として、世界共通語にもなっています。

日本料理の特徴

　日本料理の特徴を挙げるとすれば、
　１．栄養のバランスが良く、健康的な食生活を支える料理である。
　２．自然の美しさを表現する料理である。
　３．年中行事と密接に関わる料理である。
　これらの中には、旬の食材を使うだけでなく、それにふさわしい
食器を取り合わせることも含まれます。

　日本料理は格式の高い席のもてなしの料理から、大衆が気軽に味
わう料理まで実に幅広く、さまざまです。それがまた大きな特徴と
もなっています。

　ところで、日本の料理を示すのに、「日本料理」「和食」「日本食」
という言い方がされますが、示すところはみな同じです。よく聞く
「日本料理」と「和食」の違いをしいて挙げるなら、日本料理は
「高い技術を駆使して供される、主に外食での料理」、和食は「家庭
料理を含めた日本の料理全般」を言うようです。本書では、日本に
おける料理を「日本料理」と記述します。

　「地産地消」という言葉もあります。その土地で採（獲）れたり作

られたりする物をその土地で使うというものです。料理で言えば、食材、器、日本酒などのお酒をすべて地元の物で揃え、お客様にお出しします。不思議とこれが人の舌にマッチします。同じ土地、同じ水、同じ空気の中で育った作物だからこそ生まれる味わいです。旅行で訪れたお客様にきっと喜ばれるはずです。

伝統ある日本料理の種類

では、まず伝統様式にのっとった日本料理から見ていきましょう。

●本膳料理

室町時代から現代にまで続く伝統様式の料理です。膳と名の付くように、折敷という30センチ四方くらいの正方形ないし長方形の脚の付いたお膳で出されます。器には漆器が使われます。

本膳料理は、一の膳から多い時は七の膳まであります（四の膳とは呼ばず、与の膳と呼びます）。一の膳のことを本膳と呼びます。本膳には複数のおかずと、ご飯、汁物、香の物が添えられます。数字が付くと、順番に出されるように思われるかもしれませんが、すべてのお膳が一度に並べられるのが本膳料理の特徴です。

一汁三菜という言葉を聞いたことがあるでしょうが、現代ではこれは家庭料理を含め、理想的な和食のバランスを指すことが多いようです。一汁とは汁物が一つ、三菜とはおかずが三品という意味です（ご飯は入れません）。この数え方は本膳料理からきています。

本膳料理を略式にしたものを袱紗料理と言います。これは一汁三菜を最小の構成として、最大でも三の膳まで。本膳料理もそうですが、どちらも三の膳までお酒を出すことはしません。

121

しかし、時代が下るにつれ、料理の様式も変化し、酒の肴をのせたお膳が華やかになっていきます。お膳の間のお酒を「中酒」と呼び、豪華な中酒膳を中心に組まれるようになったことが、今の会席料理（酒席料理）へとつながったとされます。

●懐石料理

　懐石料理は、正式な茶事でお茶（濃茶）を進める前に出されるごく簡素な食事を指します。濃茶は濃厚なので、お腹が空いたところよりは、少しお腹に入っていたほうがお茶をおいしくいただけることから、先に食事が出されるようになりました。茶道の祖である千利休が始めたとされます。

　茶事なので、一般の店では本格的な懐石料理を出すことはまれですが、基本的には、一汁三菜で、ご飯、汁物、向付け、煮物、焼き物が基本です。本膳料理がすべての料理を一度に並べるのに対し、懐石料理はでき立てを供するのが特徴です。なお向付けとは、手前のご飯と汁物に対して、その向こう側に置くことから付けられた名称で、刺身や酢の物、あるいはその容器を指します。

　現在、日本料理店や旅館ホテルなどで出される豪華な日本料理「懐石」は、そこから発展したもので、正式な「茶懐石」とは違います。

●会席料理

　懐石と同じ読み方をすることから間違いやすいのですが、懐石料理とはまったく異なります。江戸時代の中期頃から酒席向きの料理として発達したもので、現在でも冠婚葬祭後のおもてなしや会食などのさまざまな場面で最も多く利用されています。本膳料理や懐石料理のような厳格な決まりや作法はなく、お酒や料理を楽しむことそのものが目的です。

　会席料理には大きく分けて二つあります。一品ずつ食べ終わるご

とに出される「食い切り料理」と、ある程度の料理をあらかじめ並べておく「宴会料理」です。

　「食い切り料理」はその場で食べ切ることを前提に、食事の進み具合に応じてでき立てを出すものです。一方、「宴会料理」は、現在、全国の旅館ホテル、日本料理店で行われている様式の料理と思えばいいでしょう。出される料理の品数や順番は店ごとで異なります。また、郷土料理を取り入れたり、鰻や鍋物など専門料理を組み込んだりと、旅館ホテルごとに特徴のある献立にすることが多いようです。

●精進料理

　鎌倉時代、禅宗が栄えた時代に始まったもので、肉や魚などの動物性たんぱく質を禁じたことによって生まれた料理です。道元禅師や栄西禅師が中国より持ち帰ったとされます。もともとは寺院の中でだけ食され、修行僧の食事として発達しました。それが禅宗の普及と共に、一般の料理様式として確立していったのです。大豆や、大豆から作られた豆腐や湯葉、野菜類、海藻類、ごま、米などの穀物など、植物性食品で構成されています。ただし野菜でも、ネギ、ニラ、ニンニク、ラッキョウ、ショウガなどの匂いの強い物は使うことが禁じられています。

　精進料理は粗食であるとはいえ、温かい物は温かいうちに出し、また、限りある食材を無駄なく使い切る知恵をこらしていることから、その他の日本料理にも大きな影響を与えています。最近では、外国人のベジタリアンの間からも、関心を持たれています。

　贅沢を戒めるため、器は陶磁器を使わず、黒か朱色の漆器を用います。

料理のいただき方

　一般的な会席料理の各品に沿って、いただき方の作法を見ていきましょう。

●先付け（突け出し）

　先付けとは献立の最初に出される料理です。和え物や珍味など、季節の物が少量供されます。いただく前に、まず器、次に盛り付けの美しさ、次に料理の技巧を楽しみます。もてなす側が趣向をこらし、季節感を盛り込んで演出してくれるのが先付けですから、その想いに応えることもいただく側の作法です。

　いただくのに決まり事はありませんが、小さい器の物は手に持ってもよく、また汁気のある物は手にとっていただきます。その際、箸は必ず一度置きます。

●前菜（酒肴）

　前菜は季節の素材を彩りよく盛り付けてある物です。食べる順番に決まりはありませんが、自分から見てまず左側を、次に右側を、最後に中央をと箸を入れるのが理にかなった美しいいただき方です。器の左側には薄味の物が、右側には比較的濃い味の物が並べられているからです。味の薄い物から濃い物へ、しかも見栄え良くいただくことが大事です。

　前菜は先付け同様、すべてが酒菜（酒のためのおかず）です。お酒と交互にゆっくりいただきましょう。

●お吸い物（お椀）

　日本料理において、お吸い物は季節を表現する重要な一品です。

次の五つの要素から成り立っています。

・椀種 − 主役となる具材

・椀妻 − 脇役となる具材

・青味 − 青物や葉物野菜など

・吸い地 − 汁その物。すまし仕立て、潮仕立て、味噌仕立てなど

・吸い口 − 薬味

　お吸い物は味だけでなく、立ち上る香りも味わいのある料理といえましょう。ただし、椀の扱いは慣れないとむずかしく感じられるかもしれません。基本はいたって簡単です。利き手が右手なら、まず、お椀の縁を右手で押さえます。次に左手で蓋をとり、そこにたまったしずくを椀の中に落としてから、右手に持ち換え、お膳の右脇に置きます。

　お椀がどうしても開かない時は、漆器なら両手でお椀全体を締め付けるようにするとかすかにお椀がゆがんで、そこから空気が入り楽に開けることができます。お客様の様子から無理なようなら、仲居が開けて差し上げましょう。お椀に絵柄が描かれてあれば、少しずらして絵柄を避けます。

　まず吸い地を一口いただき、それから具材を口に入れます。終わったら蓋を元に戻します。蓋を裏返してお椀に重ねて置くのは誤りです。

●お造り（刺身）

　旬の魚介類を一皿に盛った料理です。刺身を食べるのに決まり事はありませんが、淡白な物から濃厚な物へと移っていったほうが、素材の持ち味をよりおいしく味わうことができます。美しい盛り付けを崩さず、白身から赤身へと食べやすいように、一人盛りの刺身も、手前から白身魚やイカ、次いで貝などの黄色い物、奥へいくにしたがって赤身という順で盛り付けられています。

わさびの使い方

わさびを醤油に溶かすことは間違いではありませんが、味が全て同じになってしまうので、刺身に直接つけるほうが、それぞれの素材の味が楽しめ、またスマートです。

妻の食べ方

妻とは、刺身などの脇に添える千切りした大根や人参、海藻のこと。単なる飾りではなく、魚と魚の合間に食べることで口の中をさっぱりさせます。

●煮物（炊き合わせ）

関東では「煮物」、関西では「炊き合わせ」と呼ばれ、海の幸、山の幸、里の幸などの、季節の食材を取り合わせ彩りよく盛られた料理です。最初にその美しい盛り付けを目で味わってから、箸をつけるようにします。

煮物は蓋付きの煮物椀で出されることが多く、蓋の扱いはお吸い物の時と同じです。大きな素材は食べやすいように切ってありますが、それでも里芋のようにつるつるすべって箸で扱いにくい物もあります。その際、素材を箸で突き刺したり、箸を一本ずつ持って、ナイフ・フォークのようにして切るのはマナー違反です。小ぶりな器であれば手で持ち上げ、また、大ぶりな器の場合は、蓋や懐紙を受け皿として使いましょう。

懐紙とは二つ折りにして、和服の懐などに入れておく和紙のことで、さまざまな場面で使うことができ便利です。

椀内に残った汁は口をつけていただいても良いとされています。

●焼き物（鉢肴）

焼き物の盛り付けには決まり事があります。尾頭付きの場合は、

頭を左側、腹を手前側に、ただし川魚は、背が手前、腹が奥になることがあります。切り身の場合は、皮の付いたほうが向こう側になるように置きます。

　焼き物と一口に言ってもいろいろあります。塩焼き、照り焼き、幽庵焼き、木の芽焼き、奉書焼き、杉板焼き、西京焼きなど。

　いただき方ですが、尾頭付きと切り身とでは異なります。

■尾頭付きの場合

　魚の背側から箸をつけます。身をほぐし、上身を食べ終わったら懐紙で魚の頭を押さえ、箸で中骨と頭をはずします。

　はずした骨は魚の向こう側に置きます。そのあと下身をいただき、食べ終わったら頭や骨はまとめておきます。魚をひっくり返すのはマナー違反です。

■切り身の場合

　切り身の魚は、あらかじめ大きな骨などは取り除かれ、食べやすく調理されています。日本料理の基本通り、左側から一口ずつ箸で切っていただきます。

　焼き物にすだちやかぼすなどが添えられていたら、利き手の指先で焼き物の上から絞ります。

●揚げ物

　揚げ物には、素揚げ、唐揚げ、衣揚げなどいろいろあります。揚げ物の素材は旬の魚や野菜です。敷紙が敷いてある器の奥側にエビなどの大きな物を、手前にくるほど小さな物、淡白な味の物を盛り付けます。手前から順にいただきます。

　天つゆの器は手に持ってかまいません。つゆが垂れないですみます。また、エビやイカなどの大きな物は、噛み切っても良いとされ

ます。ただし、手で口元を隠すなどの配慮は必要です。エビの尾も、よく揚がっていれば食べられます。

●蒸し物

魚介類を主役に他の食材と組み合わせて調理した料理で、熱いうちにいただきます。茶碗蒸、酒蒸、かぶら蒸、信州蒸、土瓶蒸などがあります。

●酢の物（酢肴）

基本的には献立の最後に出されます。特に、揚げ物のあとにくるのには理由があり、口の中がさっぱりするように工夫されています。

二杯酢、三杯酢、黄身酢、土佐酢などがあります。

●お食事（ご飯）

お酒が一段落したところで出されるのがお食事です。これには、ご飯、留椀（止椀）、香の物、もしくは、お茶漬け、雑炊、うどん、蕎麦が供されます。また、ここでほうじ茶が出されます。お食事になったら、お酒はおしまいにします。

配膳はご飯茶碗が左、右には留椀と呼ばれる味噌汁を置きます。お膳の向こう側に香の物を置きます。また、ご飯の代わりに雑炊やうどん、蕎麦などが出る場合は、汁物は出ません。

お食事がご飯の場合、まずご飯の蓋を取り、利き手で器を押さえ、反対側の手で蓋を開けて上向きにします。利き手で蓋を一度持ち、次に反対の手で上から持ち換え、お膳の左側に上向きにして置きます。次に留椀の蓋を、吸い物を扱うのと同じ要領で開け、蓋を上向きにしたまま、お膳の右側に置きます。まずご飯を一口いただいてから留椀、香の物と交互に進みます。いただき終えたら、ご飯、留椀の蓋をします。

●水菓子（果物）

　最後にお出しするのが水菓子です。夏によく食べる水ようかんなどを連想しがちですが、本来水菓子は果物を指します。しかし、今はアイスクリームや和菓子、葛切りなどを出すこともあります。

　水菓子にはスプーンやフォークが添えられます。まず利き手ではない手を添え、利き手側から一口ずついただきます。日本料理は基本的に左側から手をつけますが、スプーンやフォークのような洋食器を使い、さらにすくって食べるような場合は、利き手と反対側に食器を持ち、すくって口に運ぶのが自然です。そのため右手が利き手であれば、右側からいただくことになります。

だし

　日本料理が世界中のどの料理とも違うのは、「だし」にあります。このだしこそ世界に類を見ない物であり、日本料理の最大の特徴と言っていいでしょう。

　近年、このだしを西洋料理にも取り入れようと、ヨーロッパの有名レストランのシェフが来日して「かつお節」を購入し、自国の店で使ったりするなど、だしに対する関心が海外でも広まっています。だしの基本を知っておきましょう。

　日本料理のだしは大きく分けて二つあります。かつお節と昆布などによる動物性素材と植物性素材を合わせた物と、昆布だけ、あるいは昆布と干ししいたけなど、植物性素材を使ったものです。

　使い分けは、どのような料理を作るかによります。

●かつお節のだし

　かつお節のだしには「一番だし」と「二番だし」があります。一

番だしは、かつお節と昆布からとる最初のだしのことで、雑味が少なく香りが新鮮なため、だしそのものを味わうお吸い物などに使われます。二番だしは、一番だしをとったあとに水を足し、加熱してしっかりとうまみを抽出するものです。料理によっては、かつお節の風味を加えるために、最後にかつお節を入れる「追いがつお」をします。かつお節にはイノシン酸が豊富に含まれ、昆布のグルタミン酸と合わさることで、よりうまみが増します。

●昆布だし

これには昆布を水につけてとる方法と、加熱してとる方法があります。加熱したほうが手早く風味のあるだしがとれますが、長時間水につけて抽出すると、より繊細で上品な、ほんのりと甘みのある透き通っただしになります。

●煮干しだし

かつお節などに比べてややクセの強い魚によるだしです。最も一般的ないわしの他に、飛び魚を使った「あご煮干し」や、あじ、さば、さんま、たいなどを使った各煮干しだしがあります。用途に応じて昆布と組み合わせたりします。各煮干しにはイノシン酸が豊富なので、それがだしのうまみをつくります。

●精進だし

その名にあるように、精進料理では魚や肉を禁じていますから、かつお節や煮干しのだしは使いません。その代わりとして、干ししいたけ、大豆、かんぴょうなどの乾物を使ってだしをとります。
干ししいたけにはグアニル酸が含まれ、昆布のグルタミン酸と結び付くことでうまみが増し、おいしいだしがとれます。

盛り付け

　器に盛られた日本料理を見て、美しいと思う人も多いでしょう。日本料理は単に素材を味わうだけでなく、目で楽しむ要素も持ち合わせています。

　日本料理には三真_{（さんしん）}という考え方があります。「切り方」「盛り方」「色の組み合わせ」がそれにあたります。これらは日本料理のデザインを大きく左右するものです。盛り付けはもちろん、器についても、色・素材・形を季節に応じて使い分けることが大事です。

●盛り付けの基本

右が上位

　日本料理はすべて右側が上位です。食べる人から見て右上の物から、格上の素材を盛り付けるようにします。

天・地・人

　宇宙の万物は天と地と、その間に立つ人で構成されます。日本料理は天・地・人を盛り付けによって表現します。具体的には、高い物、低い物、その中間の物を一つの器の中に演出します。あるいは山水盛といって、遠景の山、近景の山、中間の山と三つの山を造るようにします。

奥は高く、手前は低く

　奥にある物は高く、手前の物は低くして、見栄えをよくします。

奇数が優先

　陰陽の考え方では、奇数（陽）を尊ぶため、盛り込む料理の数は奇数にし、盛り付けはアシンメトリー（非左右対称）にします。中国料理や西洋料理がシンメトリー（左右対称）であるのに対し、これは日本独自のものです。

器の選び方とルール

　日本料理では器は重要な要素となります。素材は陶器、磁器、木製などいろいろあり、それ自体が美術品や工芸品として評価されることも少なくありません。どう使うのか、決まりはあるのか、見ていきましょう。

●一器多様

　西洋料理の器の場合は、同じシリーズで一式が揃います。スープ皿からデザート皿、コーヒーカップに至るまで、同じ素材、同じ図案、同じデザインの物がセットで使用されます。一方、日本料理では、本膳料理や精進料理を除き、料理ごとに素材もデザインも異なる器を使う「一器多様」の取り合わせをします。

●正面

　日本料理の器にはたいていの場合、正面があります。それは形や絵付けの位置により判断されます。器の外側に絵が描かれていれば、それをお客様と向き合うようにして置きます。食べる人から美しく見えるほうを正面とします。器の正面が決まれば、決まり事にのっとった盛り付けをします。

●木目・年輪

　木を素材としている器で、特に木目がはっきりしている物があります。「木地もの」とも呼ばれます。木目がついている物については、木目の粗いほうを正面に、目のつまった細かいほうを奥になるように置きます。木目のある茶托や木をくり抜いた椀などは見極めがつきにくいですが、注意したいところです。

●扇形

　末広がりの縁起のいい形として、扇形は器にも用いられます。すぼまったほうが手前、広がったほうが向こうになるように置かれます。先へ広がる、すなわち末広がりになるようにするのが基本です。ただし、扇形であっても、開き加減によって、置き方はまた違ってきます。半開きの細長い形をした器は、要（すぼまったほう）を、食べる人から見て右側に置きます。

●曲げ物

　木や竹を曲げて作った器のことで、端と端を留めてある部分を綴じ目、継ぎ目といいます。丸い曲げ物の器の場合は綴じ目を手前に、角の形の物はそれを向こう側にします。

●三本足の物　鼎（かなえ）など

　器に足が付いた物で、特に三本足の物の場合は、手前側に一本、向こう側に二本になるように置きます。

●木の葉型

　葉先を左側、軸になる部分を右側に。銀杏の葉型の場合は軸側を手前にします。

日本の代表的な焼物の産地

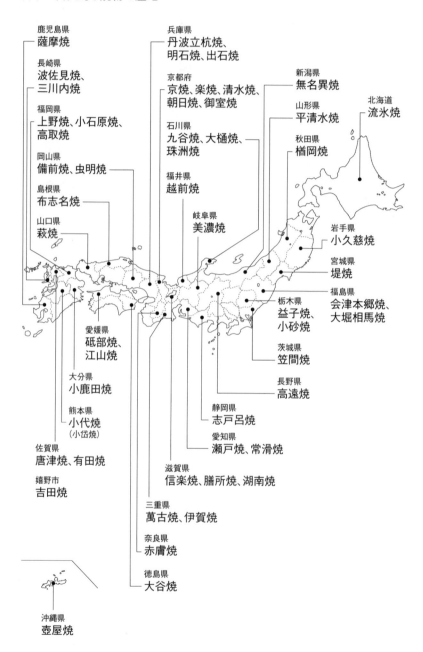

鹿児島県
薩摩焼

長崎県
波佐見焼、
三川内焼

福岡県
上野焼、小石原焼、
高取焼

岡山県
備前焼、虫明焼

島根県
布志名焼

山口県
萩焼

愛媛県
砥部焼、
江山焼

大分県
小鹿田焼

熊本県
小代焼
（小岱焼）

佐賀県
唐津焼、有田焼

嬉野市
吉田焼

兵庫県
丹波立杭焼、
明石焼、出石焼

京都府
京焼、楽焼、清水焼、
朝日焼、御室焼

石川県
九谷焼、大樋焼、
珠洲焼

福井県
越前焼

岐阜県
美濃焼

滋賀県
信楽焼、膳所焼、湖南焼

三重県
萬古焼、伊賀焼

奈良県
赤膚焼

徳島県
大谷焼

静岡県
志戸呂焼

愛知県
瀬戸焼、常滑焼

新潟県
無名異焼

山形県
平清水焼

秋田県
楢岡焼

栃木県
益子焼、
小砂焼

茨城県
笠間焼

長野県
高遠焼

北海道
流氷焼

岩手県
小久慈焼

宮城県
堤焼

福島県
会津本郷焼、
大堀相馬焼

沖縄県
壺屋焼

●割り山椒

　鉢や椀など縁に高さがあり、縁が大きく三つに割れている物をこう呼びます。割れた3か所のうち1か所を手前に、2か所を向こう側に置きます。

●片口

　鉢や椀で、注ぎ口が片側に付いている物を片口と言います。置く時はそれが左側にくるようにします。

手に持っていい器、いけない器

　西洋料理と違い、日本料理では器を手に持って食べる場面が数多くあります。ただし、すべての器を手に持っていいわけではありません。

●手に持っていい器
　・手のひらにのる程度の器－椀、小皿、小鉢、醬油の小皿など。
　・飯碗、汁椀－必ず手に持ちます。
　・お重、丼－上に持ち上げて食べます。
　・椀物の蓋－汁気の多い煮物を食べる時、受け皿や懐紙がない時。

●手に持ってはいけない器
　・刺身が盛り付けられている皿
　・焼き魚、魚料理の器
　・大皿
　・天ぷらなど揚げ物の器
　・大きな椀や鉢
　・手のひらより大きい器（お重、丼は除く）

箸の種類とマナー

　日本人になじみ深い箸ですが、箸にもいろいろな種類があります。場面によって使い分けるのが原則です。また、その扱い方にもマナーがあります。外国人に正しく使っていただくためにも、仲居が箸の正しい知識とマナーを知っておきましょう。

●用途で異なる箸

　日常生活にもフォーマルとカジュアルがあるように、箸にも神事や祝い事、正月のような「ハレ」で使う箸と、日常、つまり「ケ」で使う箸とがあります。

ハレの箸

　両端が細くなっている両口箸です。素材は柳の白木。柳は神様が宿る木として縁起が良く、また、しなやかで折れにくく、春一番に芽吹くことからめでたい木ともされます。中ほどが太くなっていることから太箸、俵箸、はらみ箸とも呼ばれます。

ケの箸

　両端が細くなっているハレの箸と異なり、片方だけが細くなっていることから、片口箸と呼ばれます。角形と丸形があり、塗り箸（漆塗り）、黒檀、南天、竹などいろいろな種類があります。

割箸

　料理店や弁当などでよく使われる箸です。割って初めて使える状態になるため、常に新品であるのが特徴です。ハレにもケにも使えます。

●箸の種類

　箸には大きく分けて、取り箸と手元箸があります。取り箸とは、大皿などから料理を手元に取り分けるために使われる箸のことで、手元箸とは料理を口に運ぶ箸を指します。家庭では取り箸の代わりに手元箸を使っても許されるでしょうが、料理店などでは使い分けるのがマナーです。取り箸を口につけるのもマナー違反です。

　日本料理を出す旅館ホテルで使用される割箸には次のような物があります。

天削箸
　てんそげばし、あるいは、てんさくばしと呼ばれます。割箸の中では最高級品とされます。箸先と反対側の、天の部分が上に向かって斜めにカットされています。高級旅館ホテルや料亭で使われています。

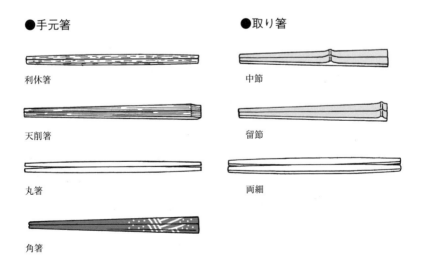

●手元箸

利休箸

天削箸

丸箸

角箸

●取り箸

中節

留節

両細

柳箸

正月の祝い膳用の柳の木で作った太箸のことで、折れにくく縁起が良いとされます。

利休箸
りきゅう

利久箸とも書きます。形は柳箸と同じですが素材が異なり、杉や檜の白肌、松が使われます。茶会席では、赤杉の利休箸をあらかじめ水に浸しておき、使う直前にふきんで水気をとって食べ物が箸につきにくいようにして供します。

元禄箸

よく使われる割箸の最も一般的な形です。角形箸の四角い断面の角を削って滑らかにした物です。

竹の割箸

繊維に沿って割りやすく、油や調味料が染み込みにくいという特徴があります。竹の割箸にも天削箸がありますが、一般の旅館ホテルでは竹双生と言って、天の部分が四角く削られ、箸本体は楕円になっている物が多く見受けられます。

●箸のマナー

日本人の間でも箸の持ち方が誤っていたり、また、やってはいけないマナー違反を犯している人もよく見かけます。箸に慣れていない外国人に説明するためにも、正しい扱い方を心がけるようにしましょう。

箸袋

　割箸などが箸袋に入っている場合は、まず箸袋から出し、箸置きがある場合はいったん箸置きに置きます。箸袋はお膳の左側に、袋状になっているほうを手前にして縦に置きます。箸置きがない場合は、箸袋を結んで箸置きの代わりにしてもかまいません。

　割箸の割り方

　まず利き手で箸を取り上げ、もう一方の手で下から受け、親指で下の箸をおさえてから、反対の一本を利き手で扇子を押し開くようにして割ります。箸を縦に持って、左右に開くようにして割るのはマナー違反です。

●箸の扱い方

　１．箸を取り上げる

　利き手の親指、人指し指、中指の３本で箸の中央よりやや右側を上から取り上げ、反対の手で下から受けて持ちます。次に、利き手を箸に沿って利き手側にすべらせ、端にきたら上から下へと折り返し、中心よりやや右の位置で握ります。

　２．正しく持つ

　下になる（手前になる）箸は利き手の薬指の第一関節にのせ、指の付け根で固定します。上になる箸は、同じく利き手の人差し指と中指の先端部分ではさみ、親指の先を添えます。物をはさむ時は、下になる箸を固定したまま、上になる箸だけを動かします。

　３．口に運ぶ

　会食の席では主賓が箸を取ってから、あるいはテーブルがいく

箸の扱い方

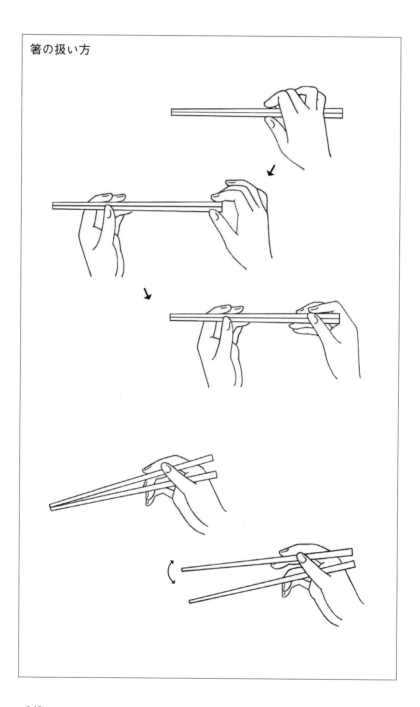

つにも分かれている場合は、同じテーブルの全員に料理が運ばれてから、初めて箸を取ります。

4．食べ終わったら
　箸を箸袋に戻します。この時、使い済であることを示すために箸袋の底を少し折っておきます。

●箸の機能
　洋食でのカトラリーは「切る」「刺す」「すくう」だけの機能しか持ちませんが、箸は違います。2本を組み合わせた「一膳」でさまざまな働きをします。「切る」「とる」「すくう」「はさむ」「つまむ」「のせる」「はがす」「さく」「くるむ」「はこぶ」「おさえる」「ほぐす」の12の機能を持っています。

●箸の禁忌（マナー違反）
　箸の扱いにはマナー違反とされることがいろいろあります。
・寄せ箸－箸で器を引き寄せたり、動かしたりすること。
・刺し箸－箸で料理を突き刺して食べること。
・ねぶり箸－箸先をなめたり、箸先を口に入れたままにすること。
・受け箸－箸を手に持ったままご飯のお代わりなどを受け取る。
・迷い箸－どれを食べようかと、箸先を皿の上であちこち動かす。
・握り箸－箸を握って持つこと。攻撃の意味にとられます。
・込み箸－口いっぱいに頬ばり、さらに箸で押し込むこと。
・涙箸－箸先から料理のつゆを垂らしながら口元へ運ぶこと。
・ほじり箸－料理の中から好きな物をほじくり出して食べること。
・とんとん箸－お皿の中で箸を立て、とんとんと揃えること。
・渡し箸－手元箸を皿の上に渡して置くこと。
・人指し箸－箸で人や物を指すこと。

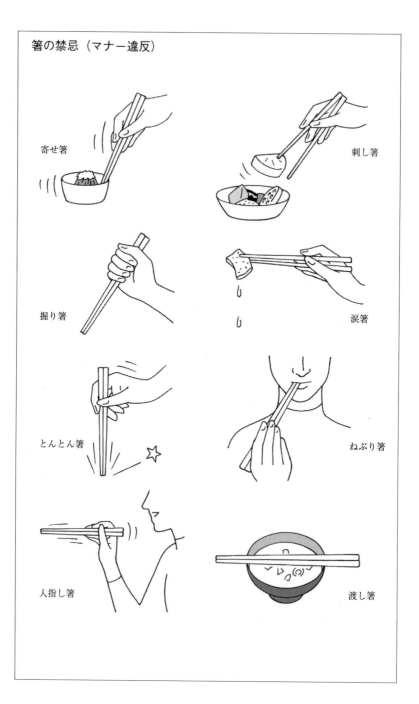

箸の禁忌（マナー違反）

寄せ箸

刺し箸

握り箸

涙箸

とんとん箸

ねぶり箸

人指し箸

渡し箸

・ちぎり箸－ナイフとフォークのように箸を1本ずつ持ち、料理を切ること。
・膳越し－ご飯や椀の向こうに置かれた料理を、器を使わず直接箸で取ること。
・移し箸－箸から箸へと料理を渡すこと。
・叩き箸－箸で器などを叩くこと。

飲み物をサービスする

●日本酒

　日本酒には冷酒と燗酒があり、お客様の好みに応じて供します。
　夏、冷酒をお出しする際には、桶に砕いた氷を入れ、冷酒器を差し込んで、飾りの枝や葉などを添えて出すと涼し気な演出になります。また、冷酒は、銘柄が記された瓶などのまま宴席に運ぶこともあります。一方、燗酒はほとんどが徳利でサービスされます。

■お酒の注ぎ方

　酒を注ぐ時は、「お酒をどうぞ」「お酒はいかがですか」と一言添えて、お客様の注意を引き、手に杯を持っているのを確認してから注ぎます。膳上に置かれた杯に注ぐ「置き注ぎ」はいけません。
　お酒はお客様の前から注ぎますが、宴席の都合によっては後方からのこともあります。その時は、お客様の右側から声をかけ注ぐようにします。料理は左側から出しますので、「料理は左から、飲み物は右から」と覚えましょう。大型の座卓で、お客様との距離が遠い場合は、徳利を持った利き手の袂を反対側の手で押さえるようにして注ぎます。
　他の飲み物や器の時も片手だけの動作でなく、常にもう一方の手

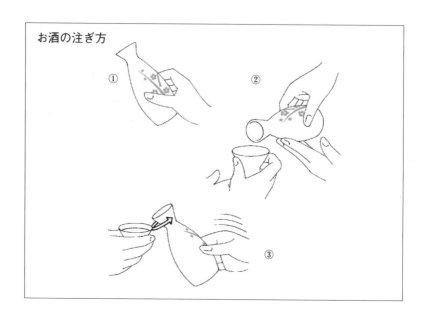

お酒の注ぎ方

①　②　③

を添えて両手で行うことが基本です。

○徳利は絵や模様のあるほうが上になるように、中央部分を右手
　でしっかりと持ちます。注ぎ口が作ってある場合はそちらが下
　になります。

○徳利の肩口に、左手の人指し指と中指を下方から添えて、徳利
　の口先を静かに傾けて注ぎます。お客様の杯に徳利が当たらな
　いように注意しましょう。初めは細くしだいに太く、最後には
　細くといった具合に、徳利の中の酒が一度に溢れ出さないよう
　にしながら注ぎます。

○注ぎ終わる直前に、徳利の口先を手前に回し、しずくが垂れな
　いようにします。徳利を杯から離す時は、徳利の口先を上げる
　より、持っている本体のほうを下げる要領で行うときれいです。

お客様の視線は徳利や口先に注がれていますから、指を揃え、何気ない仕草も上品に、美しく見えるようにしましょう。

●ビール

　お出しするビールの種類を見極めて、その銘柄に合った適温で提供できるようにします。

　グラスは、高級な宴席ほど小型（ひと口グラス）になっているので、注ぐタイミングも早くなります。注いだままそのままにしておくと、ぬるくなり、また、どんどん味が落ちてしまいます。飲む時に注ぎ、そのまま飲み干すのがおいしいビールの飲み方と言えます。注ぎ足しも味を落とすと言われているので注意しましょう。また、お客様から「自分流でやるからいいよ」と言われた時は、お任せしましょう。

■ビールの注ぎ方

　瓶のラベルが正面になります。正面を上にして、中央よりやや下方を持ち、ラベルがお客様に見えるような角度で注ぎます。

　日本酒同様、置き注ぎはいけません。お声がけしてからお客様にグラスを持っていただきましょう。また、グラスの中に、ビール瓶の口先を差し込むような注ぎ方は品がありませんし、ビールの味を殺してしまいます。

　注ぐ時は、まっすぐに立てたグラスに、初めはゆっくりと、次第に勢いよく注ぎ、きれいに泡ができてきたら、その泡を持ち上げるような気持ちで、静かに注いでいきます。グラスの半分くらいまで注いでから一呼吸間をおいて、改めて注ぎ足すくらいが良いでしょう。

　泡の割合は、グラスの上部に2〜3割くらい立てるのが適量でしょう。グラスの縁からふっくらと盛り上がっている状態にします。この泡をドイツではブルーメン（花）と言い、泡はビールのおいし

さを守ってくれる物とされます。ぎりぎりまで注いでしまいグラスの縁からこぼれるようではいけません。無理のない範囲にとどめます。

　ビールも徳利と同様の要領で、注ぎ終える直前にはビール瓶の口先を手前に回しながら持ち上げます。

●ワイン

　日本酒同様、醸造酒で繊細な飲み物ですから、注ぎ方にも取り扱いにも慎重を要します。

　ワインは温度が重要なポイントです。通常、赤ワインは常温が良いとされますが、それはヨーロッパにおいての話です。わが国では12〜16℃が適温とされます。白ワインは8℃前後、ロゼワインは10℃前後。それぞれの適温はボトルや箱に表示がありますので、それに準じて管理しましょう。

■ワインの注ぎ方

　ボトルを開栓する前に、まずワインの銘柄、品種、産地などを主催者または幹事に確認していただきます。「この赤ワインは、ブルゴーニュ産のロマネ・コンティです」のように内容を告げ、「いかがでございますか」「これでよろしいでしょうか」と了解を得てから開栓します。

　ワインのボトルは、利き手でボトルの正面（ラベル側）を上にして中央部よりやや下方をしっかりと持ち、注ぐ時に、ラベルが見えるようにします。反対側の手で小形のワインナプキンを持ち、下方からボトルを支えるようにすると安全です。

　初めは静かに細く、しだいに太く、終わりに近づくにつれ細くゆっくりと注いでいき、注ぎ終わる時は、手を向こう側に回しながらグラスの上方に上げていきます。左手のワインナプキンをボトルの口先に近づけるようにして、しずくが垂れるのを防ぎます。

＠コラム⑥

【温泉の全身浴・部分浴】

　温泉の入浴方法は大きく、全身浴、部分浴、特殊な入浴の三つに分かれます。全身浴には半座位浴と寝湯があります。

　半座位浴は半座位（中腰）または座位で入浴する方法で次の四つに分類されます。

　①高温浴／43度以上の高温の温泉に短時間入浴する方法。

　②温　浴／41度前後の中温の温泉に入浴する最も一般的な方法。

　③微温浴／36～38度の比較的低温の温泉に長時間入浴する方法。

　④寒冷浴／7～20度の低温の温泉に入浴する方法。

　寝湯は37度前後の比較的低温の浅い浴槽に横たわって20～30分間入浴する方法です。

　部分浴とは身体の一部を温泉にひたらせたり浴びたりする方法です。これにも次の五つの方法があります。

　①かぶり湯／頭部や首すじに温泉をかける。

　②打たせ湯／滝のように落下する温泉で肩、首すじ、腰などを打たせる。

　③腰湯・足浴／腰下または足だけを温泉にひたらせる。

　④鯨噴浴／温泉を床面から上向きに噴出させて、打たせ湯ではかかりにくい部位に湯をかける。

　⑤歩行浴／浅い温泉の中を歩く。

　また、特殊な入浴には、天然の泥を加えた泥湯、砂に身体を埋めて、ゆう出する温泉に入浴する砂湯、温泉の蒸気を利用した温泉蒸気浴などがあります。

第7章
アレルギーと宗教上の食べ物

アレルギー

　アレルギーと一口に言っても、それにはいろいろあります。中でも食物、花粉、ダニが原因のアレルギーには多くの人が悩まされています。旅館ホテルにもこれらのアレルギー症状をお持ちのお客様がお越しになることは十分考えられます。とりわけ注意が必要なのが食物アレルギーです。

●食物アレルギーへの対応

　食物による病気で怖いのは食中毒ですが、同様に、注意しなければならないものがあります。それが食物アレルギーです。食物がある限り、いつどこで起きても不思議ではないのがこのアレルギーです。食べた直後から30分以内に発症するケースが多いとされます。

　では、旅館ホテルではそれにどう対応したらいいのでしょうか。

　まず大事なのが食物アレルギーを引き起こしやすい食品には何があるか、知っておくことです。その上で、お客様に料理に使用する食材をわかりやすく示します。次に、お客様からあらかじめ、アレルギーの情報を得ておきます。口頭で、食べられない食品を先に伺っておくことが大事です。「○○が食べられません」「○○ははずしてください」などと言われれば、該当する食材が使われているかどうか、調理場に確認します。

　旅館ホテルにとって重要なのは、スタッフ全員が食物アレルギーに関する情報を共有することです。これを徹底しなければ、事故は起こる可能性が高まります。そのため、別のスタッフにただ言うのではなく、「他の人たちにも必ず伝えておいてください」と、徹底することが大事です。場合によっては命を脅かしかねないのが食物アレルギーです。スタッフの連携ミスが原因ではすまされません。

●食物アレルギーを引き起こしやすい食品

　では、どのような食べ物がアレルギーを引き起こしやすいのか、見てみましょう。

　ダントツで多いのが鶏卵です。全体の４割近くにものぼります。牛乳と小麦がそれに続き、このトップ３で、食物アレルギーの７割を占めます。食物アレルギーというと、そばやピーナッツが多いように思われがちですが、実はそうではありません。ただし、この二つで起きた場合は鶏卵より重い症状になるケースが多いとされます。

　この三つの食品以外では、ピーナッツ、果物類、魚卵、甲殻類、ナッツ類、そば、魚類などがあります。

　重い症状を引き起こしやすく、また、症例数が多い食物は「特定原材料」と定められ、表示が義務付けられています。卵、乳、小麦、そば、ピーナッツ（落花生）、エビ、カニの７品目です。さらに、次の21品目がそれに準じる物として指定されています。アワビ、イカ、イクラ、オレンジ、キウイフルーツ、牛肉、クルミ、鮭、サバ、大豆、鶏肉、豚肉、マツタケ、桃、山芋、リンゴ、ゼラチン、バナナ、ゴマ、カシューナッツ、アーモンド。

　旅館ホテルで出す日本料理には、これらの食品は当たり前のように使われます。それだけにお客様の中にこれらの食品にアレルギーを起こす人がいることを常に頭に入れておかなければいけません。

　アレルギーをお持ちのお客様は、ごく少量であっても命の危険にさらされることがあります。中には、アレルギー食材を調理したまな板や包丁を十分に洗わず、そのまま別の食材を切ったりしただけで、アレルギー成分がその食材に移り、アレルギーが誘発されることもあるくらいです。

●アレルギーの症状

次に、アレルギーの症状を知っておきましょう。

全年齢を通じ、食物アレルギーが最も多く現れるのは皮膚です。約8割を占めます。次が呼吸器と粘膜でそれぞれ2割台。消化器が1割台です。部位ごとに症状を挙げてみました。

皮　膚：かゆみ、じんましん、はれ、紅斑、灼熱感、湿疹
呼吸器：喉の違和感、かゆみ、声がれ、飲みこみが困難、咳、
　　　　呼吸に雑音がする
粘　膜：目（充血、はれ、かゆみ、流涙、まぶたのむくみ）
　　　　鼻（鼻汁、鼻づまり、くしゃみ）
　　　　喉（口の中・唇・舌の違和感、はれ）
消化器：吐き気、嘔吐、腹痛、下痢、血便
神　経：ぐったりする、意識障害、失禁

これらの症状からすぐに食物アレルギーと判断するのはむずかしいかもしれませんが、疑いが濃厚と思われる場合は、早急な対処が必要です。上司への報告はもちろんのこと、救急車の手配などが必要です。迅速に動くことがなにより重要です。

宗教と食べ物

世界中から日本にみえるお客様は人種も宗教もさまざまです。宗教によっては、食事に関して禁じられている事項があったり、また、宗教上でなくても、自身の信条や健康上の理由から菜食主義をとっている人もいます。

近年、外国からのお客様が増大し、旅館ホテルでは、それだけ多くそのようなお客様をお迎えすることになります。宗教上などで口

に入れられない食べ物を知っておくことは、これからますます必要になります。

　では、主だった宗教について、食べられる物、そうでない物を見ていきましょう。

●キリスト教

　現在、世界総人口の61億人中、キリスト教徒はその3分の1の24億人を占め、3人に1人がキリスト教徒という計算になります。それほど多いキリスト教徒ですが食事に関しては、他の宗教に比べ制限はほとんどありません。カトリックでもプロテスタントでも同じです。絶対にこれは食べてはいけないという物はないと言えます。

　カトリックでは、復活祭の46日前から始まる四旬節の中で、肉類を食べないことや、断食などの決まりがあったりはしますが、それも厳格ではありません。

　ただし、宗派の中には、例えば、モルモン教のように、カフェインや過度の肉食を禁止し、コーヒー、紅茶、緑茶、アルコールを飲まない人もいます。

●イスラム教

　キリスト教に次ぐ世界第2位の宗教がイスラム教です。18億人いるとされ、インドネシア、パキスタン、バングラデシュ、インドなど、多くがアジアに住んでいます。

　イスラム教徒のことをムスリムと言います。女性はヒジャブというスカーフを巻いているので、すぐにわかります。最近は日本でもよく見かけます。

　ムスリムが口にできる食物は厳格に決められています。食べて良い物は「ハラール」と言い、食べていけない物は「ハラーム」と呼ばれます。食品に対する戒律は厳しく、ハラームが料理に入ってい

る場合、それを皿のはじによけて食べることさえ許されません。

　タブーとされる「ハラーム」の代表は豚です。豚肉を使ったハム、ベーコン、ソーセージも同様です。牛・鶏・羊は食べられます。ただし、イスラム法にのっとった屠殺による物であることが条件です。魚や貝などの魚介類は基本的に大丈夫です。酒類は「ハラーム」で、厳禁です。アルコールが添加された味噌や醤油なども料理には使えません。

　野菜・果物・穀物は「ハラール」。牛乳、ヨーグルト、バターなどの乳製品や卵も「ハラール」で、口にできます。

　ただし、ウナギ、イカ、タコ、貝類、漬け物などの発酵食品は「ハラーム」でなくても、ムスリムにはこれらを嫌悪する人が多くいます。料理には避けたほうが無難です。

　日本人にとって、「ハラール」であるかどうかを見極めるのはむずかしいですが、目安となるのが「ハラールマーク」です。これは、認証機関が製造・調理している会社や原材料、製造工程をチェックし、戒律に違反していないと認定した食品にのみ与えられる物です。この認定マークが付いていれば、安心して料理に使え、お客様にも提供できます。ただし、このマークが付いていなければ絶対ダメ、というほど厳格ではありません。

　なお、イスラム教では、イスラム暦の９月に当たるラマダンの間は日の出から日没まで断食をすることが義務付けられています。

●仏教

　世界三大宗教の一つである仏教は信徒が５億人、最も多い国が中国です。

　食物に関しては、宗派や国などによって意識が異なります。もともとは生き物を殺生するのを禁じたことで、肉類を使わない精進料

理が生まれました。ですが今は、肉類を食べる人も増えています。

　ただし、僧侶や厳格な信徒は食事を修行の一つと考えるため、禁止事項を忠実に守っています。避ける食材としては、肉全般の他、ニンニク、ニラ、ラッキョウ、玉ネギ、アサツキなどの匂いの強い野菜です。修行の妨げになるなどの理由によります。

　肉に関しては、肉そのものだけではなく、ブイヨン、ゼラチン、肉エキス（肉の煮出し汁、あるいは肉を酵素で分解した液汁を濃縮したもの）、バター（牛乳の脂肪）、ラード（豚の脂肪）なども含まれます。植物性の物で代用したほうがいいでしょう。

●ユダヤ教

　世界には1400万人のユダヤ教徒がいて、世界中に散らばっています。

　旧約聖書に基づくユダヤ教の食事規定には、食べて良い物といけない物とが厳格に定められています。この規定をカシュルートと言い、それにのっとった物をカシェル（またはコーシェル）と言って、指定されています。

　動物の中で食べて良い物は、ひづめが完全に二つに割れていて、反芻する動物です。牛、鹿、羊などが該当します。豚、猪、ウサギなどは食べられません。豚がダメなのは、不浄である上、ひづめは割れていても反芻しないからです。また、肉類と乳製品を一緒に食べることも許されません。

　魚で食べても良いのは、ヒレとウロコのある物です。その稚魚や卵も大丈夫です。鮭やマグロなどは良くても、カニやナマズなどはダメだということです。鮭の卵であるイクラは良いが、チョウザメの卵であるキャビアはダメなのです。また、魚類以外の水生動物では、エビ、タコ、イカ、牡蠣、貝類なども食べてはいけない物と規定されています。

●ヒンドゥー教

　インド国民の8割を占めるヒンドゥー教も、食事に関しては厳しい宗教です。特に、牛は神聖なものとして扱われ、食べるなどはもっての外です。肉そのものだけでなく、だしや脂肪が使われている物も厳禁です。ブイヨン、ゼラチン、バター、ラードなども調理に使用できません。豚は不浄なものとして嫌われます。魚も禁止です。野菜も種類によっては使えません。ニンニク、ニラ、ラッキョウ、玉ネギ、アサツキなどです。匂いが強いことから、興奮剤の一種とみなされ、体内の臓器に負担をかける物として口にしません。

●ベジタリアン

　ベジタリアンは菜食主義者と訳すので、野菜だけを食べる人の総称のように思われがちですが、正確に言えば、そのうちの一つです。他にもタイプがあります。

　まず、ベジタリアン。その名の通り菜食主義者で、肉と魚は一切口にしません。ただし、牛乳や卵などは食べます。ドイツ・イタリア・イギリス・スウェーデン・アメリカなどでは人口の3〜10%がベジタリアンと言われています。

　次に、よく似たのがペスクタリアンです。肉と言える物は一切食べませんが、魚介類を食べるところがベジタリアンと異なります。

　ベジタリアンとペスクタリアンよりさらに徹底しているのがヴィーガンです。肉や魚はもちろんのこと、動物性食品は一切口にしません。牛乳、乳製品、卵、蜂蜜、ゼリーなども食べません。

〰 コラム⑦

【温泉の効果】

　温泉の効果は大きく三つに分かれます。疲労を回復させる「休養」、健康を保持し病気を予防する「保養」、病気の治療をする「療養」です。これを温泉の三養と言います。

　温泉そのものの効果には、含有成分による効果と、変調による効果があります。前者は、温泉中のガスやイオンなどが体内に吸収されて現れるものです。成分が皮膚から吸収され血液に入って全身にいきわたり、皮膚、皮下組織、筋肉などの細胞に働くと同時に神経系にも作用します。

　そのうち、物理的効果で挙げられるのが温熱効果です。42度以上の熱い湯は神経系・循環器系を興奮させる作用があり、38度以下のぬるい湯は神経系・循環器系の興奮を抑え、鎮静・鎮痛の作用があります。他にも、浮力によって身体が軽くなって運動がしやすくなり、水圧によって循環器系や筋肉骨格系の鍛錬にもなります。

　一方、変調効果は、体内に吸収された温泉成分や、繰り返し温泉に入浴することから受ける刺激によって、神経系統や内分泌機能を調整する働きをします。

　また、間接的効果としては、転地することによって日常生活やストレスから開放され、同時に、温泉地の自然環境が心身にリラックス効果を与えます。

　他にも、温泉地における規則正しい食事や適切な運動が身体に良い影響をもたらします。

第8章

地震、火災、食中毒から
お守りする

地震

　日本は地震大国です。日本国中の地殻で活断層が縦横無尽に走っているため、どこで地震が起きても不思議ではありません。特にお客様が滞在される旅館ホテルでは、いざという場合に備え、そのための対策を講じておくことが重要です。

●地震の発生時

　地震が起きると、恐怖に誰もが身がすくんでしまい、パニックに陥りがちです。そのような場合でも、スタッフはお客様の身を守る使命を担っています。地震の最初の揺れは1分程度で収まることが多いので、まず自分がパニックにならないように、気をしっかり持つことが大切です。

　館内にいた場合は、机やテーブルの下、柱の周囲などに身を伏せます。近くにいるお客様に「テーブルの下に伏せてください」「頭をかかえてください」と指示をしてから自身の安全を保ってください。

　揺れが小さいうちに、近くにある火の元を消します。

　揺れが止まったら、周囲をよく見回し、倒壊しそうな箇所があれば、近くにいるお客様を誘導してその場を離れます。強い揺れで物が倒れたり、窓ガラスが割れたり落下したりすることがあります。その恐れのない場所にすぐに移動します。

　エレベーターが作動していても、使用しません。途中で止まると中に閉じ込められるからです。

●館内放送

　お客様はどなたも不安におののいていらっしゃいます。パニックになる方も出てきます。責任者の指示に従い、お客様へのお声がけと、パニック防止のための館内放送をすぐに行います。

●緊急時の指示・伝達

　スタッフは責任者の指示によって次のことを迅速に行います。

　・火元、ガス、ボイラーの元栓を閉める。

　・階段扉、自動ドア、非常ドアを開放する。

　スタッフは館内の被害状況を責任者に報告し、火災が発生している場合は、初期消火と同時に119番通報をし、消防車と救急車を要請します。

　責任者がお客様の避難が必要と判断したら、スタッフはその誘導と非常搬出にあたります。

火災

　旅館ホテルにとって十分注意しなければならないのが火災です。火事に直面するとパニックになりがちですが、スタッフはお客様を安全な場所に避難させる責任を負っています。冷静に行動しましょう。また起こった場合を想定して、誘導方法、避難場所など、日ごろからシミュレーションしておくことも重要です。

●自動火災報知機や非常ベルが鳴ったら

　火災の発生場所を確認します。受信機で出火階、出火区域を特定します。

　お客様が火災を発見された時の行動については、客室に置かれた

161

「当館のご利用案内」に明記しておきます。例えば、「室内の電話でフロントに通報するか、従業員にお知らせください」「大声で『火事だ！　火事だ！』と連呼し、他のお客様にお知らせください」というようにです。

●火事だ！　を連呼

出火場所にお客様がいらっしゃらないかどうか確認したらただちに非常ベルを鳴らします。そして「火事だ！　火事だ！」と大声で連呼しながら、携帯電話などでフロントと責任者に通報します。お客様には避難方向、使用する階段などを具体的に指示します。

●消火

■炎が天井にまであがっていない場合

消火器で初期消火をします。

■炎がすでに天井まで回っている場合

消火不能と判断して、すみやかに退去します。この際、延焼を防ぎ、煙の拡散を防止するために出火室のドアを必ず閉めます。お客様を避難・誘導します。

●確認

すべての室内、共用部分を確認します。火災階から始め、すぐ上の階から順にさらに上の階へと進んだら、火災の直下の階に移り、さらに下の階へと確認していきます。

●避難経路

避難する際は、出火場所を避け、煙が充満する恐れのないところを選ぶようにします。また、地上まで安全に到達できる施設を選択

します。エレベーターは火災による停電で停止する恐れがあるため、使用しません。

　煙による影響が少なく安全性が最も高いのは屋外避難階段です。屋内避難階段も防火戸などがきちんと閉まっていれば大丈夫です。

●避難方法

　自力で避難できるお客様には、避難経路を具体的に指示します。ハンドマイクを使えればより効果的です。煙が迫って自力で避難できなかったり、避難が困難な人に対しては、バルコニーで救助を待つことも考慮していただきます。その際、情報を必ず消防隊に知らせます。

　煙は上に上がっていきます。低い位置には比較的酸素が残っています。ハンカチやタオル、あるいはネクタイを三角状にして口にあて、頭の位置を低くし、床を這うようにして進み、避難します。煙で視界が悪いために、方向がわからなくならないように、壁に触れながら進みます。

●消防訓練

　旅館ホテルはお客様の滞在中、その命をお預かりしています。それだけに日ごろから消防訓練をしておくことが重要です。これはスタッフの防災意識を高めることにもなり、それだけいざという時に役立ちます。

　消防訓練は消防法で定められているもので、旅館ホテルは特定用途防火対象物とされ、年2回以上、消火訓練と避難訓練が義務付けられています。

　消火訓練では、消火器や屋内消火栓を使用した初期消火の訓練を行います。消火器を備えていても、いざという時使えないのでは意味がありません。初期消火であれば消火器でも鎮火できます。ここ

でしっかり学びます。

　また、避難訓練では建物内に火災が起こったことを知らせ、避難と誘導の仕方、避難器具の扱い方を学びます。避難の際には緑色のアイコンの避難誘導マークが目安となります。外国人のお客様はそれを目にするのも初めてでしょうから、お部屋にご案内する時に、きちんと説明して差し上げましょう。

　他にも、消防計画に定めた回数による通報訓練もあります。火が出たことを確認後、建物内の人々に知らせ、消防機関に通報する訓練です。

　このような大がかりな訓練と共に、旅館ホテルで日ごろから備えておきたいのがAED（自動体外式除細動器）です。心臓発作で突然倒れた人を救うための医療機器です。スタッフは全員、使えるように学んでおきましょう。

　また、救急箱は必ず備えておきます。中身に何が入っているか、日ごろからよく確認しておきます。ただし、スタッフはその中の備品に限って使えますが、それ以上必要なケースでは、救急車を呼ぶか、病院にお連れし医師の診察を仰ぎます。

●応急手当

　お客様がケガをされたら、医師や救急隊員に引き継ぐまで旅館ホテルでできる処置をすることが求められます。それを応急手当ないし救急処置と言います。

　応急手当とは、救急蘇生法を除いた、一般市民の行う手当てのことで、主に骨折、脱臼、捻挫、熱傷などの処置を指します。よく似た言葉の応急処置は、救急隊員が行う処置と定義されています。

脱臼

　濡れタオルや湿布薬などで冷やしてから、関節を固定し、安静に保ちます。そのあと病院に向かい、整形外科医に関節からはずれた骨を戻してもらいます。

捻挫

　濡れタオルや湿布薬などで冷やしてから、ひねった方向と逆の方向に固定し、安静に保ちます。改善されないようなら病院に行き、整形外科医に診てもらいます。

やけど

　冷たい水で冷やすことが先決です。要する時間は医師による見解に違いがあるものの、5〜30分とされます。衣服を着たままのやけどでは、衣服を無理やり脱がさず、そのまま上から冷水をかけます。

食中毒

　食事を提供する旅館ホテルとして、最も気をつけたいのが食中毒です。
　食中毒は、それを起こす微生物が食品に付着、または増殖した飲食物が人の体内に入ることで引き起こされます。また、有害物質（自然毒を含む化学物質）を含んだ飲食物を摂取したりすることによるケースもあります。
　飲食物によって起こる食中毒の場合、その微生物の量が問題になります。大人か子供か、あるいは個人差もありますが、一般に原因菌が食中毒を引き起こす菌数を超えると、発生します。

食中毒には細菌性のものとウイルス性のものがあります。また、細菌性食中毒は発生のメカニズムによって感染型と毒素型に分けられます。

●細菌性食中毒の代表的なもの

○サルモネラ菌食中毒（感染型）

　サルモネラ菌は熱に弱く、低温には強いという性質があります。食品を長期に渡って冷凍保存しておくと、菌がそれだけ長生きすることになります。菌の増殖を防ぐには調理後すみやかに食べてしまうことです。

　　発生多発時期：夏期

　　潜伏期間：8〜48時間

　　主な症状：嘔吐、腹痛、発熱（38度前後）

　　予　防　策：卵はすぐに冷蔵保管。割ったらすぐに調理し、割り置きは絶対にしない。肉類は低温で扱う。調理の加熱は十分に行う。

○腸炎ビブリオ菌食中毒（感染型）

　3％程の濃度の食塩水の中で最もよく生育します。増殖速度は他の菌に比べて早いのが特徴です。60℃で15分加熱、100℃の加熱なら数分でほぼ死滅します。生鮮魚介類が原因のケースと、魚介類の細菌がまな板やふきん、包丁などを介して他の食材に移って原因となるケースがあります。

　　発生多発時期：夏期

　　潜伏期間：8〜15時間

　　主な症状：強烈な腹痛、下痢、脱水症状

　　予　防　策：魚介類は調理前に水道水でよく洗う。魚介類を使用した調理器具類はよく洗浄、消毒をし、まな板やふ

きんは魚介類専用の物を使用する。生食用の魚介類
は10℃以下で保存。加熱は60℃で4〜5分を最低
とする。

○黄色ブドウ球菌食中毒（毒素型）

　この菌が食品中で増殖する際にエンテロトキシン（耐熱性毒
素）を放出し、食べることで食中毒が発症します。黄色ブドウ球
菌そのものは自然界に広く分布し、80℃で30分加熱すれば死ん
でしまいますが、エンテロトキシンは100℃で30分加熱しても生
きています。傷のある手で食品を触ると、黄色ブドウ球菌が食品
に移り、感染を引き起こすことがあります。

　発生多発時期：通年

　潜伏期間：3時間程

　主な症状：腹痛、発熱、激しい嘔吐、下痢

　予 防 策：手や指に切り傷や化膿傷のある人は食品に触らない、
　　　　　　調理をしない。手指の洗浄、消毒を徹底する。食品
　　　　　　は10℃以下で保存。

○ボツリヌス菌食中毒（毒素型）

　ボツリヌス菌は人や動物の腸管の中や土の中に棲みつき、そこ
から毒素が生産されます。タイプとしてA型からG型まであります。このうち人が食中毒を引き起こすのは、A、B、E、Fの4
種類とされます。熱に弱く、100℃で4分加熱することでほとん
ど不活性化されます。

　発生多発時期：通年

　潜伏期間：8〜36時間

　主な症状：嘔吐、視力障害、言語障害などの神経障害。重症化
　　　　　　すると呼吸麻痺が起き、死亡に至ることもある。

予　防　策：真空パックや缶詰の食品は、容器が膨張していたり
　　　　　　食品に異臭がある場合はけっして食べない。缶詰、
　　　　　　瓶詰、真空包装食品などの保存食品を調理する場合
　　　　　　は衛生的原材料を使用する。

○腸出血性大腸菌食中毒（O-157）（毒素型）

　近年よく耳にする食中毒です。原因菌はO-157：H７型という
大腸菌の１種。産生されるベロ毒素は、腎臓や脳に障害を与える
可能性がある程強力です。

　発生多発時期：通年

　潜伏期間：４〜８日

　主な症状：初期は腹痛を伴う下痢。悪化すると腸壁がただれ、
　　　　　　出血により血性下痢になったりする。腎臓への影響
　　　　　　で尿が排出されなくなり、やがて脳や神経にも作用
　　　　　　し、意識障害を引き起こして短期間で死に至ったり
　　　　　　する。

　予　防　策：生野菜はよく洗い、食肉類は中心部まで十分加熱す
　　　　　　る。調理器具は十分に洗浄。熱湯または塩素系洗剤
　　　　　　で消毒する。水道管直結以外の水を飲用しない。調
　　　　　　理にも使わない。

●ウイルス性食中毒の代表的なもの

○ノロウイルス

　ノロウイルスは細菌と違って食品の中では増殖せず、人の腸管
内でのみ増殖します。通年発生する可能性がありますが、特に冬
場に多く、生牡蠣による食中毒の原因として知られます。

　発生多発時期：通年だが冬期に多い。

　潜伏期間：24〜48時間

　主な症状：激しい嘔吐、下痢、腹痛、発熱、頭痛、筋肉痛、脱
　　　　　　水症状を伴う場合もある。
　予 防 策：吐しゃ物や糞便の処理では、消毒を徹底する。カー
　　　　　　ペットなどへの嘔吐では、加熱と次亜塩素酸ナトリ
　　　　　　ウムによる消毒を行う。着衣にウイルスが付着しな
　　　　　　いように、ガウン、マスク、手袋を使用。終了後ビ
　　　　　　ニール袋に密封して処分する。

●自然毒による食中毒

毒を持った食品によって引き起こされる食中毒です。

- 動物性自然毒

　フグ、アサリ、牡蠣、ドクカマスなど

- 植物性自然毒

　ジャガイモの芽、青梅

●異物混入

　旅館ホテルで料理を提供する時、食中毒とは別に要注意なのが異
物混入です。一番多いのが髪の毛で、他にも金属製のたわしの破片、
輪ゴム、虫などのケースがあります。髪の毛に関しては、落ちて料
理に入らないように、調理場では帽子着用が原則です。仲居は髪を
束ねたり、くくったりして防ぎます。

　万が一異物が料理に入ってお客様から指摘されたら、お詫びした
上で、すぐに新しい料理と取り替えます。

●食中毒を防ぐ

　細菌性・ウイルス性食中毒は全体の9割を占めます。これらの微生物による食中毒を防ぐには次の原則を守ることが大事です。

1．清潔を保つ

　原因菌が食品につかなければ食中毒は起きません。食品を扱う全員が定期的な検査、検便を受け、身体、特に手指の清潔保持に努めることです。さらに、衣服を清潔に保ち、食品の取り扱いにも徹底して衛生的であることです。

2．微生物を増やさない

　微生物を増殖させないことが重要です。それには、迅速に調理、迅速に冷却することがなにより求められます。調理をしたら、なるべく早く提供します。

3．十分加熱する

　加熱して食べる食材は十分に加熱します。一度加熱した料理であっても、あとから提供する場合には十分に再加熱することです。

4．自然毒による食中毒を防ぐ

　フグやジャガイモは有毒部分を完全に除去します。フグは肝臓、卵巣、皮、腸など、ジャガイモは芽。また、有毒かどうか見極めが困難な物は絶対に使わないようにします。特に毒キノコは素人目にはわかりにくいので使用しません。

♨コラム⑧

【温泉の用語】

温泉用語を知っておくと、温泉を選ぶ時に役立ちます。

・天然温泉／"温泉"より、より自然度が高い印象を与える強調的
　な表示。

・源泉100％、天然温泉100％／湧き出した温泉を加水・加温・
　循環・ろ過することなく使用する場合にのみ許される表記。

・加水／源泉から湧き出る温泉に水を加えること。高温源泉では冷
　却し、低温源泉では加温し、ゆう出量が少ない時は増量し、源
　泉の成分を希釈する時などに使われる。

・加温／源泉から湧き出る温泉に事業者が熱を加えてゆう出温度以
　上に温めて浴槽に注湯すること。ボイラー、熱交換器、温水ま
　たは熱水を加水するなどして加温。

・循環式・循環ろ過式／浴槽内の湯を吸引などで浴槽外に出し、汚
　れやゴミを除去後再利用する方式。ろ過器がない場合は循環式、
　ろ過器を通すと循環ろ過式と呼ばれる。

・温泉かけ流し／浴槽に常時新湯を注入する、文字通り"かけ流し"
　状態をいう。

・源泉かけ流し／"温泉かけ流し"よりさらに自然に近い印象を与え
　る強調表示。

・源泉100％かけ流し／"源泉かけ流し"よりさらに自然に近い印
　象を与える強調表示。

第9章

旅館ホテルのこれからの役割

旅館ホテルの役割とは何でしょうか。

　お客様に宿泊していただき、滞在中、心ゆくまで楽しんでいただくために、おもてなしに努めること、それがこれまでの旅館ホテルの最大の役割でした。しかし、時代が移り、団体旅行から少人数の個人旅行へと旅行の形態が変わり、また人口減少も進み、人手不足も深刻になる中、これまでのような単なる"おもてなし"に努めるだけでは、旅館ホテルは生き残れないところにまできています。

●"非日常"という感動

　これまでの旅館ホテルはお客様に"特別な日常"を味わっていただく場所でした。心地よい和室で、美しい景観を前に日本料理に舌鼓を打ち、温泉に心ゆくまで浸る。そしてなによりかゆいところに手が届く「おもてなし」を受ける。そんな特別な日常を旅館ホテルは提供してきました。

　しかし、これからはそれだけではない"非日常"の世界をもお客様に提案することが必要です。それが存続の鍵になると考えます。

　一般に、旅館ホテルは風光明媚だったり、美しい自然に取り囲まれたりする場所にあります。そこに住む人はその風景を毎日見慣れているために、それがどれほど素晴らしいか気づきにくいのですが、都会からのお客様にとっては、自然の中で見るもの、聴くもの、触れるものすべてが新鮮です。幸せな気分にしてくれます。言いかえれば、これらすべてに商品価値があるということです。

　例えば、水。山からの湧き水はびっくりするほどおいしく、来たかいがあったと感動するほどです。空気もそうです。こんなに空気っておいしいのかと、改めて気づきます。満天の星も、静けさもそうです。自然の奏でる音だけの世界に人々は感動します。日の出、

夕暮れ、小川のせせらぎ、小鳥の鳴き声、木の葉を揺らす風の音、草木の香り、土の持つ感触など、その土地の人が想像する以上に、都会の人々はこの非日常の世界に心を奪われるのです。

　このような四季の彩りと共に、五感（見る、聴く、触る、匂う、味わう）による素晴らしい自然をビジネスに活かすことこそが、これからの旅館ホテルにはなにより必要なのです。

●"体験型ツーリズム"のお勧め

　これからは、五感で味わってもらう、いわゆる自分の身体で体験する"体験型ツーリズム"がポイントとなります。

　ツーリズムとは単なる名所旧跡の観光をいうのではなく、もう少し広い意味の事柄を指します。現地に行かないとできない、例えば、筍掘り、山菜取り、いちご狩り、みかん狩り、ぶどう狩り、トマト狩り、お茶摘み……。そば打ち、うどん打ちなども含まれます。現地の人にとっては身近にある野菜や果物であっても、旅館ホテルを訪れる人にとっては普段スーパーマーケットでしか目にできない物ですし、それを自分の手で収穫できる喜びはひとしおです。旅館ホテルによりますが、収穫した物を厨房の道具を借りて調理できれば、参加者による食事会も開け、よりいっそう楽しんでもらえます。

　さらに、その土地で採れる（獲れる）野菜、魚、猪などの動物、また、その土地で造られる酒、醤油、味噌などは、現地を訪れなければ口にできない"現地限定品"で、それこそがご馳走です。「現地でしか味わえないきのこ鍋を食べにいらっしゃいませんか」「自家製の醤油と味噌を使った山菜料理です。ぜひ、召し上がってください」などの謳い文句は、都会のお客様の関心を引くことでしょう。

　その土地で作られる物をその土地で食する、いわゆる「地産地消」は産地を活気づける原動力にもなります。

●自然から学び、感動を共有する

　旅館ホテルのある場所の多くは人里離れたところや海辺です。なんといってもそこには広々とした土地があります。それも十分、お客様に楽しんでいただける体験ポイントになります。例えばたき火。あるいはいろりを囲んで語り合う。このような火を焚く行為は都会ではなかなか叶えられませんから、お客様は原点に帰ったような気分になります。海もそうです。早朝からの地引き網体験など、滅多にない機会ですから喜ばれます。

　また、子供にとっては夏休みの体験学習の場にもなります。火を一からおこしたり、薪木をとってきたり、木材で遊具を作ったり、凧揚げをしたりなど。自然の中では思いきり大声を出せますし、なによりのびのびと遊べます。大人であれば子供の頃に帰った気分になれ、リフレッシュできます。

　まだまだ思いつくことはたくさんあります。ろくろから回す陶芸、ガラス工芸、紙すきなどを体験できたり、三味線や太鼓の音に触れたり、「大人の修学旅行」と銘打って、学生の頃に訪れた場所をグループなどで再び訪れたりなど、いろいろなアイデアがまだまだ眠っています。最近流行りのテレビや映画のロケ地をめぐる「聖地巡礼」、パワースポットめぐりも人気を呼ぶはずです。

　若い人からお年寄りまで、幅広い年齢層の顧客を新たに開拓でき、その点でも大きなメリットがあると言えます。

●地域と共に生長する

　体験型ツーリズムは、参加者に自館に宿泊していただけるだけでなく、地域の活性化にもつながります。宿泊だけだと自館だけの利用になってしまいますが、体験型ツーリズムだと地域も参加でき、地域と共に潤えます。古民家を改造したカフェなどは人気です。

　同じ視点から、酒蔵やワイナリーをめぐるツアー、神社仏閣をめ

ぐるツアー、夜景スポットツアーなど、地域がお勧めしたい物や場所を盛り込んだいろいろなツアーが組めます。地元のおいしい食事処やスイーツのお店、さらに、道の駅、海の駅、山の駅は、地元の食材や食べ物の宝庫ですから、ツアーを企画すれば、いろいろな発見をお客様にもたらしてくれるはずです。

この時、地域のガイドにお手伝いいただきましょう。ガイドの有効活用です。名所にはそのような方たちがいます。宿泊するお客様に歴史探訪のガイドをお願いします。他にも、ソムリエ、利き酒師、観光ナビゲーター、野菜ソムリエ、日本茶インストラクター、きのこマイスターなど民間の資格をお持ちの方に、ご協力いただきます。

さらに、その地方でしか見られない新聞やテレビ、ラジオ、地元の雑誌などのメディアをお客様に積極的にご案内します。「夕方からローカル番組があるので、ぜひご覧ください」とお話しするだけで、その土地の"今"を知っていただけます。現地に関心を持っていただく機会となります。

●SNSで発信する

これらの情報を発信する媒体は、少し前までは旅行ガイドブックや、自社で制作したパンフレットだけでした。ですが今はホームページやブログ、さらにはインスタグラム、フェイスブック、ツイッターなどのSNSがとって代わっています。

これらの大きな特徴はリアルタイムで新しい情報を発信できることです。現地の様子を生で届けることができます。内部を動画で案内するだけでなく、「ドローン」を使ってインスタ映えするスポットや、自館とその周辺を掲載することもできます。一目で場所がわかる上、訪れてみたい気持ちをかき立てます。利用した人が評価の書き込みをすれば、新しい顧客の獲得にもつながります。

このようなホームページやＳＮＳを利用するには、お客様が何を望んで来られるのか、旅館ホテルがお客様の立場に立って知ることが必要です。例えば、お正月を自館で過ごそうとされるお客様がいらっしゃるとします。何をお望みでしょう。年越しそば（うどん）は食べられるか、初日の出はどこで、何時頃見られるか。おせち料理やお雑煮は出るだろうか。その内容はどんなものか。初詣ができる神社やお寺は近くにあるだろうかなど。それらに関する情報を具体的に載せるのです。お客様にとっては、最も知りたい情報ばかりですから、目に留まるはずです。その土地ならでは、その旅館ホテルならではの情報をお客様は探していらっしゃいます。

●より具体的に伝える

「高台にあるため見晴らしが良く、海岸にも歩いて行けます。お部屋で着替えて、そのまま海に、お帰りも砂のついたままで」

海で遊ぶのを目的に宿泊するお客様にとっては、選ぶ際の嬉しい判断材料になります。

「当館の『源泉かけ流し』は、『かけ流し』よりさらに自然な状態で楽しめる温泉です。加水も加温もなしの、文字通り自然のままの温泉です」

とあれば、「源泉かけ流し」に入ってみたいと人は思うのではないでしょうか。単なる「源泉かけ流し」と表記するだけでは何のことかわからなくても、これだと「かけ流し」との違いがわかる上、魅力まで伝わってきます。

「裏の○○山から湧き出る水は絶品です。ぜひ、当館で味わってください」

と、書き添えるだけで、お客様は心を動かされるでしょう。

従来のホームページは、自館の施設、料理をアピールする謳い文句が並ぶだけのところが多く、それでは他館との差別化が図れません。おいしい水やもぎたてのトマトを味わえるだけでも、都会の人

の心は動きます。それをぜひ活かしましょう。お客様に聞かれる前に、ホームページやSNSに情報を発信することが重要です。

　また、自館にまつわる話題も伝えます。例えば、文人に愛され、文豪がお泊りになられた部屋がこちら、作曲家や作詞家がお泊りになったこの部屋であの名曲が生まれた、あるいは人気ドラマの舞台やロケ現場になったなど、どれもお客様の興味を引くに違いありません。他館と区別できるアピールポイントになるものばかりです。

　その際、自身の言葉でストーリーを作ってお伝えしましょう。

●想定外時の役割

　近年、災害やウイルス感染など想定外のことが世界規模で発生し、国民と経済に多大な影響を与えています。旅館ホテルはお泊りいただいているお客様をお守りするだけでなく、これからは、地震、台風、感染症対策などの避難場所として役割が期待されます。

　旅館ホテルは普段から、「お客様のために自分たちは何ができるか」を考えて行動しています。そのうえ、このような想定外の事態にも対応できる収容能力とノウハウを備えています。非常時のための訓練も日ごろから受けていて、無駄なく、効果的に動けます。情報収集と正確な伝達手段も身につけていますから、効率よく必要な情報を伝えられます。

　また、個室を有しているので、人との接触を避けなければならないウイルス感染者のような人を個別に収容できます。宴会場も避難場所として提供でき、調理場は大量の調理能力によって、食事をスピーディーに供給できます。スタッフは食物アレルギーや食中毒の知識を持っているので、食の安全も図れます。お身体の不自由な方にも、日ごろの接客からスムーズに対応できます。

　予期せぬ災害などが多発する昨今だけに、旅館ホテルの役割に対する期待はますます高まるものと思われます。

おわりに
―"進化"を目指せ―

　個人旅行やグループ旅行、外国人観光客の増加、深刻な人手不足
など、昨今の旅館ホテルを取り巻く状況は一時代前に比べ、大きく
様変わりしています。その中でお客様に来ていただき、より発展さ
せていくにはどうすればいいか。どの旅館ホテルでも今、その問題
に直面しています。

　旅館ホテルでは、お客様に特別な時間と空間を心ゆくまで味わっ
ていただくためにさまざまなスタッフが日夜働いています。しかし、
毎日同じ仕事の繰り返しだと思い込み、労働意欲が減少したり、将
来に希望を持てないスタッフもいます。その結果、早期退職につな
がってしまうのも実状です。

　近年はどの業界も人手不足に悩んでいます。労働力を確保するた
めに、企業はあの手この手で人材の確保に躍起になっています。旅
館ホテル業界も同じで、中にはロボットを導入したり、海外にまで
外国人スタッフを募集する説明会を開くところもあるくらいです。

　しかし、現実がそうだからといって、そこにとどまっていて良い
のでしょうか。もっと根本的な改革が必要なのではないでしょうか。
外観や設備を整えることも大事ですが、まず、スタッフが自分の仕
事に誇りを持ち、働く意欲を持てるようにすることが重要です。

　そのための一つが待遇の改善です。ただし、単に給料をあげるこ
とではありません。それでは問題は解決しません。重要なのは目標
を持ってもらう仕組みづくりです。目標が持てないから仕事にやり
がいを感じられないのです。目標があれば、人はそれにむかって頑
張ります。達成すれば、そこからまた新たな目標が生まれ、さらに
やる気を起こします。そうやって何人ものスタッフが意欲をだせば、

旅館ホテル全体のおもてなしのレベルがアップし、結果、評判を高め、お客様の来館につながります。

　目標を持たせる一つの方法として、勉強する機会を与えることです。各団体が開催する、おもてなしやサービス向上セミナーに参加させたり、話題の旅館ホテルやレストランの体験をさせたり、民間検定資格などを取得する後押しをします。

　民間検定資格は、旅館ホテルに関するものだけを挙げても実にたくさんあります。観光ナビゲーター、おもてなし検定、和食検定、日本料理食卓作法講師、ホテルビジネス実務検定、観光士資格、世界遺産検定、赤十字救急法救急員試験、野菜ソムリエ、サービス介助士試験、温泉検定、日本茶インストラクター、きき酒師資格、ソムリエなど。

　民間検定資格を取得したスタッフの待遇を良くすることで、本人だけでなく、周りのスタッフのやる気も引き起こします。本人の仕事の幅も広がります。また、他館との差別化にもなります。お客様も、思いがけず専門的な情報や話題に触れられるので、満足度が高まります。

　ここまではスタッフが学ぶことに関してお話ししてきましたが、学ぶのはスタッフだけではありません。女将や支配人も同様です。スタッフだけが学んでも、女将や支配人クラスの方が改革の意識を持たなくては、スタッフが学んだことは活かせません。

　学ぶ人の上に立つ方たちは、自身も学ぶことが必要なのです。とりわけ新人教育は重要です。若いスタッフや外国人のスタッフにどうすれば、おもてなしの極意を伝えられるか。そのためにはまず、自分自身が伝え方を学ばなければなりません。これまでは自分の経験則から伝えることが多かったでしょうが、それではそこにとどま

ったままで「進化」がありません。時代の変化に合わせて今までの
やり方を変える必要がありますし、もっと効率のいい方法があるか
もしれないのです。同業他業を問わず、自館に役立ちそうな本を読
んだり、周辺の情報を集めたり、教え方教室に参加するなどして学
び、自分自身を高め、"教える"ことの備えにします。

　人は往々にして、「こんなに教えているのに、なぜわからないの
だ」と、相手のせいにします。ですが、きちんと教えられれば人は
理解できます。相手がわからないのは、正しい教え方ができていな
いということなのです。自分自身が体系立てて学び、それを現場で
「できる」までスタッフに教えること、これが重要です。

　教える側は女将と支配人クラスで、教えられる側は若いスタッフ
や外国人のスタッフという構造になりそうですが、片方だけの教育
ではいけません。双方が共に学び進化することで、それが本当の意
味で旅館ホテルの改革につながります。

　旅館ホテルの仕事は、お客様から「ありがとう」と感謝されて給
料がもらえる、「人間が好き」という人にとっては、最高の仕事と
言ってもいいでしょう。

　旅館ホテルのスタッフは、女将を始め"ワンチーム"です。失敗
も成功もみんなで共有する。喜びもみんなで分かち合う。接客はワ
ンチームで行って初めて完成するものです。その結果、いただくの
がお客様からの「ありがとう」というお言葉です。

　お客様からの感謝のお言葉をいただくためにも、本書を存分にご
活用いただけることを心から願っています。

　　　　　　　　　　　「旅館ホテル」おもてなし研究会

参考文献

『日本の宿 おもてなし検定中級公式テキスト』（JTB総合研究所発行）

『日本料理の支配人』（キクロス出版発行　以下同じ）

『なぜ、あなたの教え方は「伝わらない」のか？』

『お客様を幸せにする「靴売り場」』

『「できる部下」を育てるマネージャーは教えない！』

『宴会サービスの教科書』

『プランナーズマジック』

『西洋料理の食卓作法』

『中国料理のマネージャー』

『宴会セールスの極意』

『「日本茶」事始め』

『奇跡を呼ぶレストランサービス』

『ホスピタリティの神様に学べ！』

『ごはんをまいにち食べて健康になる』

『お魚をまいにち食べて健康になる』

『味噌をまいにち使って健康になる』

『かつお節をまいにち使って元気になる』

『きのこをまいにち食べて健康になる』

『海苔をまいにち食べて健康になる』

『かまぼこをまいにち食べて健康になる』

『日本茶をまいにち飲んで健康になる』

『日本酒をまいにち飲んで健康になる』

『梅干をまいにち食べて健康になる』

『漬物をまいにち食べて元気になる』

『新和菓子噺』

『小豆の力』

『いちごでぐんぐん健康になる本』

『みかんでぐんぐん健康になる本』

『旅館ホテル・観光の教科書』

NPO法人
日本ホテルレストラン経営研究所

大谷　晃（おおたに　あきら）

1960年　東京都生まれ
都内の高級ホテルで、宴会およびレストランの現場でサービスの経験を積んだ後、
イタリアンおよびフレンチレストランの支配人として勤務。
その後ホテル・レストランを対象とした人材紹介・派遣を主たる業務とした株式会
社H. R. M.を設立。代表取締役社長に就任。加えて外国人を含めた人材育成のため、
NPO法人日本ホテルレストラン経営研究所を設立。教育現場では「食やテーブル
マナー」などの教育指導、旅館ホテルでの「おもてなし」文化を普及している。

鈴木はるみ（すずき　はるみ）

1970年　福島県生まれ
都内の高級ホテル、会員制ホテルなど20年におよぶ現場経験を基に、ホテルなど
の各施設で研修を行う。教育現場では知識と技能習得の実践的教育を行い、多くの
旅館・ホテルなどの現場に後進を送り出している。BIA（公益社団法人日本ブライ
ダル文化振興協会）「マスター　オブ　ブライダルコーディネーター　コンテスト」で
は、グランプリを獲得。現在はNPO法人日本ホテルレストラン経営研究所の上席
研究員も務める。

「旅館ホテル」おもてなし研究会

大藤ひとみ　　大和田浩子　　長谷川円香　　森りか

「旅館ホテル」のすばらしさを広めることを目的に結成された傘下の研究会の一つ、
現場で実践している経験者・講師から支配人経験者まで幅広いメンバーの協力の下、
これからの時代に即した「おもてなし」を研究している。

協力　料飲サービス研究家　**中島將耀**

サービスを超える極意
「旅館ホテル」のおもてなし

2020年5月30日　初版発行

監修　**NPO法人　日本ホテルレストラン経営研究所**
　　　理事長　**大谷　晃**／上席研究員　**鈴木はるみ**

発行　株式会社　**キクロス出版**
　　　〒112-0012　東京都文京区大塚6-37-17-401
　　　TEL. 03-3945-4148　FAX. 03-3945-4149

発売　株式会社　**星雲社**（共同出版社・流通責任出版社）
　　　〒112-0005　東京都文京区水道1-3-30
　　　TEL. 03-3868-3275　FAX. 03-3868-6588

印刷・製本　株式会社 厚徳社
プロデュース　山口晴之　エディター　高野知恵子
© Ohtani Akira & Suzuki Harumi　2020 Printed in Japan
定価はカバーに表示してあります。乱丁・落丁はお取り替えします。

ISBN978-4-434-27563-0　C0063

日本で働きたいと考えている留学生や日本の学生にもお勧めの教科書です

総ルビで読みやすい

NPO法人 日本ホテルレストラン経営研究所
理事長 大谷　晃／上席研究員 鈴木はるみ 編

A4判並製　本文184頁　本体2,800円（税別）

　これから「観光大国」となる日本では、日本に来る外国人旅行者に日本らしい旅行を楽しんでもらい、また日本人にも素敵な国内旅行を体験してもらうための幅広い知識が求められている時代です。またゲストが外国人というだけでなく、一緒に働く仲間や上司が外国人というのも、珍しくない時代です。
　この教科書では、日本の旅館・ホテルの代表的な特徴を学び、「日本の観光ビジネス・日本のおもてなし」を理解していくことを目的としています。日本特有のおもてなし文化を理解し、シーンに合わせた心づかいの大切さや、文化や風習の違う海外からのお客様をおもてなしする知識を身に付けます。

（はじめにより）

　第1章　日本の観光ビジネスの概要／第2章　日本の宿泊施設の分類
　第3章　組織とスタッフの業務／第4章　専門職に求められるスキル
　第5章　実務の基礎知識／第6章　日本の作法

おもてなしの現場はここにもあります

NPO法人 日本ホテルレストラン経営研究所
理事長 大谷　晃／日本料理サービス研究会 監修

A５判並製・本文336頁／定価3,200円（税別）

本書には日本料理の特徴である、四季の変化に応じたおもてなしの違いや、食材から読み取るメッセージ（走り、旬、名残）など、日本の食文化を理解するポイントをたくさん盛り込みました。基礎知識やマナーだけでなく、日本料理店や料亭の役割、和室の構成、立ち居振る舞いや着物の着こなしに至るまで、通り一遍ではない、「おもてなしの現場」に役立つ情報も積極的に取り入れました。支配人や料理長、調理場、サービススタッフ、それぞれの役割についても解説します。　　（はじめにより）

第1章・日本料理の基本を理解する／第2章・日本料理と飲み物（日本酒・日本茶）／第3章・日本料理の作法を知る／第4章・日本料理の接遇／第5章・支配人の役割／第6章・メニュー戦略と予算管理／第7章・おもてなしの現場／第8章・本当の顧客管理／第9章・食品衛生と安全管理／第10章・お身体の不自由なお客様への対応

スタッフを育て、売上げを伸ばす

中国料理サービス研究家　ICC認定国際コーチ

中島　將耀・遠山詳胡子 共著

A5判 並製・本文 292 頁／本体 2,800 円（税別）

今、あなたのお店は満席です。入口の外側まで、お客様が並んで、席が空く
のを待っています。そんな混雑状況こそ、マネージャーの腕の見せ所です。
まさに嬉しい悲鳴、の状態ではありますが、むしろそのパニックを楽しむぐ
らいの、心のゆとりが欲しいものです。では、そんな心のゆとりはどこから
生まれるか。それには十分な知識と、多彩な経験が必要になります。経験ば
かりは、教えて差し上げることはできませんが、知識と考え方なら、私の
歩んできた道の中から、お伝えできることもあるでしょう。そんな気持ちで、
この本を作りました。

(はじめにより)

●中国料理の常識・非常識／●素材と調味料の特徴／●調理法を知る／
●飲み物を知る／●宴会料理とマナー／●料理の盛り付けと演出／●中
国料理のサービス／●マネージャーの役割／●メニュー戦略と予算管理／
●調理場との連携／●サービスの現場で／●本当の顧客管理／●商品衛
生と安全管理／●マネージャーの人材育成／●信頼関係を構築する法則／
●コーチングマネージャー／●目標設定７つのルール／●メンタルヘルス／
●職場のいじめ／●ユニバーサルマナー

一般・婚礼・葬祭に求められる「知識と技能」

NPO法人 日本ホテルレストラン経営研究所 理事長 **大谷　晃**
BIA ブライダルマスター **遠山詳胡子**
日本葬祭アカデミー教務研究室 **二村祐輔** 共著

A4判 並製・本文 240 頁／本体 3,300 円（税別）

レストランや宴会でのサービスは、スタッフと共に、お客様と向き合いながらこなす仕事です。決して一人で黙々とこなせる仕事ではありません。ゆえに、一緒に仕事をする上司やスタッフと連携するための人間関係がもとめられます。お客様に十分に満足していただくための技能ももとめられます。宴会サービスは、会場設営のプラン作りから後片付けに至るまで料飲以外の業務が多く、また一度に多数のお客様のサービスを担当するので、レストランとは全く違ったスキルが加わります。お客様にとって宴会は特別な時間であるゆえに、失敗が許されないという厳しさもあります。そこでいつも感じるのは、宴会サービスの幅広さと奥深さ、そして重要性です。知識や技能を習得し、それを多くの仲間たちと共有しながらお客様に感動を与えるこの仕事ほど、人間力を高める機会に溢れた職種はないと感じます。　（はじめにより）

第１章・サービスの基本／第２章・宴会サービス／第３章・婚礼サービス／第４章・結婚式の基礎知識／第５章・葬祭サービス

「企業宴会や婚礼宴会の創り方」がここにあります

（一社）日本ホテル・レストランサービス技能協会
テーブルマナー委員会委員長

石井啓二 著

四六判 並製・本文224頁／本体 1,800 円（税別）

宴会セールスは、施設がおかれた場所や状況によって、ノウハウは異なります。また、地域によってローカルルールや風習による違いもあります。しかしながら細かい所は違っても、大切にすべき根幹は変わらないはずです。営業である以上、最も大きく優先されるのは売り上げを作ることです。それも持続できることが大切であって、そのためには品質の保持、向上、顧客の満足度に応じた展開、他社との差別化など、さまざまな課題が待ち受けています。本書はその問題に応えたマニュアル書で、すべての宴会関係者が、長い間待ち望んだものです。　　　　（はじめにより）

第1章　宴会セールスは「人間関係」で決まる／第2章　宴会セールスのマーケティング／第3章　「スタッフ」を売る／第4章　宴会セールスの営業戦略／第5章　打ち合わせ／第6章　施行当日／第7章　お身体の不自由なお客様への対応／「幹事さん」のためのワンポイントアドバイス

日本一になった百貨店流の「接客」をお伝えします

日本初の女性シューフィッター・上級シューフィッター

久保田美智子 著

四六判 並製・本文 184 頁／本体 1,400 円（税別）

時代がどのように変化しようとも、お客様のお役に立つために学ぶべきことはたくさんあります。「靴を選ぶ」という大切な行為には、ぜひ人の手を添えて。

豊富な知識を武器に、誠意を込めて接客すれば、必ずお客様は信頼してくださいます。そうした学びや経験から、安心して信頼される販売員が一人でも多く誕生することを祈ります。

（おわりにより）

第1章　今どき、あえて「お店で買うメリット」は？
第2章　売り場づくりは面白い！〜いいお店の見分け方
第3章　靴をもっと知ろう！〜いい靴を選ぶために
第4章　これからの「靴」の売り方・買い方
コラム　足と向き合う大切さを再認識したお客様

「日本茶の伝道師」だから分かる「おもてなし」

「日本茶」事始め
日本茶インストラクターが勧める
素敵なお茶生活

日本茶インストラクター
東京繁田園茶舗 本店店長
繁田聡子 著

日本茶インストラクター・東京繁田園茶舗 本店店長

繁田 聡子 (はんだ さとこ) 著

四六判 並製・本文 136 頁／本体 1,400 円 (税別)

日本茶インストラクターの二期生として、様々な経験を積むことにより、日本茶の魅力と奥深さに心惹かれるようになっていきました。
日本茶の持つ素晴らしさを、多くの方々に少しでもお伝えできればと願っています。
本書では、「お茶のおいしい淹れ方」や「日本茶にまつわる色々な話」を書いていますが、どうぞ、ご自分なりのお茶との素敵なつき合い方を見つけて下さい。
あなた流の楽しみ方に、日本茶はきっと応えてくれるはずです。

（はじめにより）

「おむすびの世界」も実は奥が深いのです

文 たにりり（おむすびインストラクター）
絵 ツキシロクミ（イラストレーター）
A5判 並製・オールカラー 96頁／本体 1,350円（税別）

誰でも好きなように作って自由に食べていい。どのおむすびもみんないとおしい。
おむすびを通して、作る人や食べる人の意外な一面が見えるかもしれません。
不思議なのは、ご飯をそのまま出してもおもしろくもなんともないのに、
おむすびにしたとたん、「わたくしいいたいことがあります」とおしゃべりにな
ること。遠足のおむすびは「楽しんでる？」と親みたいなことをいうし、塾弁
や夜食のおむすびは「がんばりなさいよ」という。雑然としたデスクで広げるお
むすびは「ひと息入れようよ」と声をかけてくれ、仕事の出先で会うおむすびは
「調子どう？ 無理しないでね」と励ましてくれる。
そんなおむすびたちのおしゃべりが聞こえるかどうかは、あなた次第。

（本文より）

第1章 自分にあうお米をさがせ！
第2章 おむすびは手加減、ゆる加減
第3章 適当に選んで最高になる具材
第4章 ほめられる盛り付けの極意
第5章 「おいしい」という魔法の言葉